家にもっとグリーンを

植物と暮らすアイデア

Living with Plants

朝日新聞出版

グリーンあふれる居間で
快適な時間を過ごそう

植物は暮らしにうるおいをもたらし、
リラックスした空間にいざないます。
インテリアの一つではあるものの、ともに呼吸をする同士。
お互いが心地よく過ごしたいものです。

グリーンもインテリアの一部。帽子かけの足元には、リース土台がスタンバイ。思いついたらすぐ作れます。

くつろぎの空間にいつもグリーンを

家族が集まることの多いリビングだからこそ、
みんなが癒されるグリーンが欠かせません。

いつもの当たり前の場所。そこに一鉢があるのとないのとでは、景色も空気もまったく異なります。

手の届くところにハーブを。摘んだものもグラスに入れるだけで、立派なオブジェになります。

室内の緑とテラスの緑がつながり、一体感が生まれます。

部屋や用途に合わせて　植物を選ぼう

ここにはどんな植物が似合うかな？ どこにあるとうれしいかな？
考えるだけでわくわくしてきます。

1

2

1　壁のタイルと絵画と植物が見事に調和しています。 **2**　朝の目覚めに元気をくれる明るい葉色の植物たち。

作って飾って、おうちギャラリーに

植物を使ったリースやスワッグは、作るのも飾るのも楽しいもの。
室内のインテリアとグリーンの橋渡しもしてくれています。

経年変化とともに迫力を増すグレビレアのリース。時間というエッセンスが加わっていくのでしょう。

1　アンティークなインテリアとアート作品でまとめられた室内に、観葉植物とリース、スワッグがとけ込んで、落ち着きのある空間になっています。

2　ドライフラワーのリースもお手製。フレッシュな植物が時間とともに味のある造形に変化していきます。

1

2

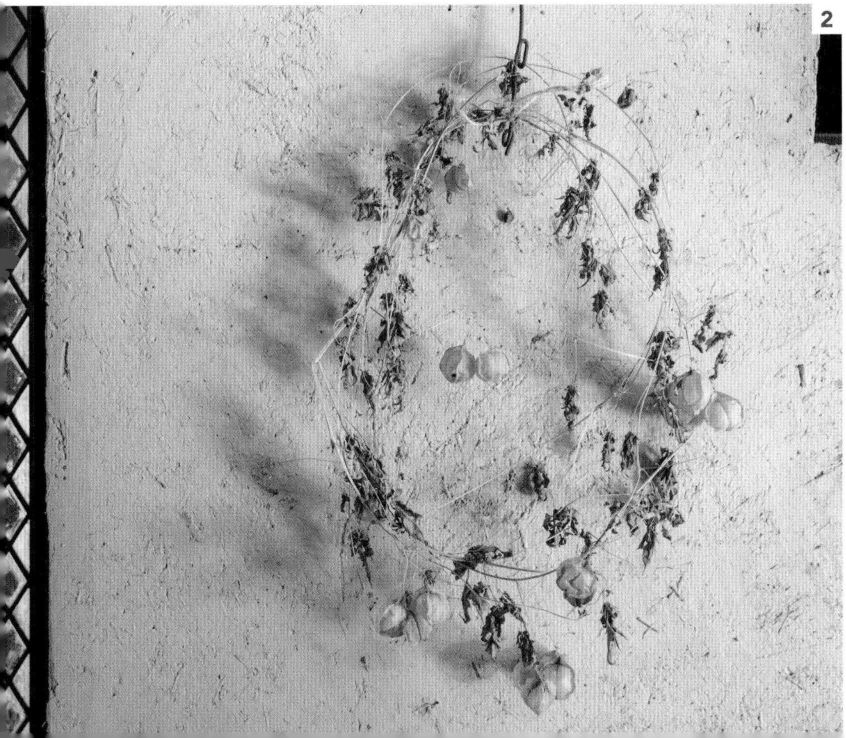

Shop with plants
— 植物のある店 —

落ち着いた店内に ダイナミックな グリーンが映える

[PARLOR 8ablish《パーラーエイタブリッシュ》]

手入れの行き届いた元気な植物たちは、お店の顔。
「いらっしゃいませ」という声が聞こえてきそう
この間、小さな芽が出ていたあの植物はどうなったかな？
楽しみに訪れる常連さんも多いようです。

（▶P.122）

Shop with plants
— 植物のある店 —

都会のオアシス
ツリーハウスの上は
緑の楽園

[Fleur Universelle《フルール・ユニヴェセール》]

これが都会の真ん中なんて信じられません。
大きな緑に誘われて、
小鳥たちの声まで聞こえてきました。
ここでは大きく深呼吸をしたくなります。

（▶P.118）

高い位置のハンギングは、植物が伸び伸びと大きくなれます。どこまで下りてくるかなと、訪れる人も楽しみにしています。

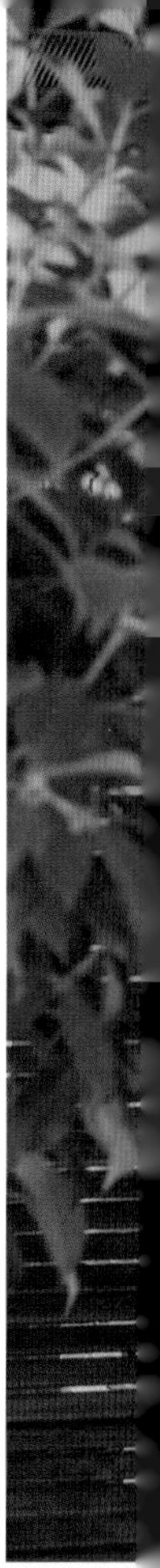

大木の葉の先にも手が届きそうなのは、ルーフトップガーデンの特権。緑を独り占めしたくなります。

CONTENTS

グリーンあふれる居間で
快適な時間を過ごそう —— 2
くつろぎの空間にいつもグリーンを —— 4
部屋や用途に合わせて　植物を選ぼう —— 5
作って飾って、おうちギャラリーに —— 6
落ち着いた店内にダイナミックな
グリーンが映える［PARLOR Sablish］—— 8
都会のオアシス　ツリーハウスの上は
緑の楽園［Fleur Universelle］—— 9

1章
初めてのグリーンライフ
部屋に植物を —— 13

観葉植物で
暮らしにうるおいを —— 14

01 選び方のポイント —— 15
置きたい場所を考える —— 15
育てやすい植物は？ —— 17
テーブルヤシ —— 17　ポトス —— 18
リプサリス —— 19　ドラセナ・コンシンネ —— 20
サンセベリア —— 21　パキラ —— 22
ガジュマル —— 22　シェフレラ —— 23
コウモリラン —— 23　フィカス（ゴムノキ）—— 24
ちょっと一息 —— 25
フィカス ベンガレンシス［大型］—— 26

シェフレラ［大型］—— 26
カシワバゴムバンビーノ［大型］—— 27
ブラッサイア［大型］—— 27　コンシンネ［大型］—— 27

02 買い方のコツ —— 28
どこで買うか決める —— 28

03 育て方のコツ —— 29
日当たりを見極める —— 29
風通しのよい場所に置く —— 31　植物に合った水やりを —— 30
よく観察することが大切 —— 31　植え替える —— 32

1年中楽しむ 多肉植物 —— 34

01 育ててみたい人気の多肉植物 —— 35
コチレドン属 —— 35　カランコエ属 —— 36
エケベリア属 —— 37　セダム属 —— 38
クラッスラ属 —— 40　セネキオ属 —— 40
ハチオラ属 —— 41　パキフィツム属 —— 41

02 買い方のコツ —— 42
どこで買うか決める —— 42

03 育て方のコツ —— 43
時期に合わせた水やりを —— 43
多肉植物の植え方 —— 44
準備 —— 44　用土の配合 —— 45
鉢に土を入れる —— 45　ポットから鉢へ —— 46
寄せ植えの仕方 —— 47　メンテナンスの仕方 —— 49
ふやし方 —— 50
挿し木 —— 50　葉挿し —— 51　株分け —— 51

エアプランツを育ててみよう——52
基本の育て方——53
多肉植物の寄せ植えを楽しもう——54
エアプランツを素敵に飾ろう——56

ハーブを育てて暮らしを豊かに——58

おすすめのハーブ——59
タイム——59　ミント——60
オレガノ——61　セージ——61　ラベンダー——62
ラベンダーの香りを楽しもう——62
ローズマリー——63　バジル——63
レモンバーベナ——64　レモンバーム——64
イタリアンパセリ——65　花も楽しめるハーブ——65
最後まで使い切る！　ハーブの楽しみ方——66
1 まずはハーブティーを——66
2 次は葉を乾かして、ポプリに——67
3 まだまだ捨てない！——67
4 最後はハーブの肥料に——67

球根で室内を華やかに——68

球根で花を楽しもう——69
コルチカム——69　花が枯れたあとは——70
サフラン——71
水栽培で育ててみよう——72
器を用意する／球根の保管／知っておきたい材料／失敗しないコツ——73
ヒヤシンス——74　クロッカス——75
スイセン——76　ムスカリ——76
小さな鉢に小さな花を——76

2章 小さな庭やベランダを豊かに美しく——77

飾って、食べる！
ポタジェガーデン——78

ベランダでもOK
ベランダにはやさしい表情の柳プランターで——80
用意するもの——81　植え方——82
小さな庭の片隅に
木枠で囲って土を入れるだけ——83
用意するもの——84　植え方——85

並べて楽しむ
常緑植物の寄せ鉢で緑あふれる世界に——86

テーマ1 半日陰の窓辺に
明るい葉を組み合わせ 窓辺の目隠しになる常緑を——87
テーマ2 日陰のスペースに
過酷な条件でも花やグリーンを楽しめるセレクトを——88
テーマ3 日当たりのよいところに
屋上やベランダでもOK 個性的なフォルムを楽しんで——89
テーマ4 1年中楽しめる
ずっと楽しめるエバーグリーン。花も実も葉色も欲張ってしまおう——90
テーマ5 エキゾチックに
スタイルやイメージを大切にした空間。個性的な植物で演出を——91

豊かなグリーンライフ
果樹のある庭 ―― 92

ブドウ
ブドウの大きな葉は 目隠しやグリーン演出に大活躍 ―― 93

いろいろなベリー
這わせてもよし、花や実もかわいいおすすめの果樹 ―― 94

イチジク
ベランダや小さな庭で鉢でも楽しめる ―― 95

塀や壁をグリーンで覆う
つる性植物を活用しよう ―― 96

いろいろなつる性植物
ヘンリーヅタ／トウテイカカズラ／サッコウフジ ―― 97
バラ・クレマチス／ツルハナナス／イタビカズラ ―― 98
ブロカント松田さん おすすめの果樹 ―― 99
ブロカント松田さん おすすめのつる性植物 ―― 100

3章
作って 飾る ―― 101

リースやスワッグを作って部屋のインテリアに ―― 102
通年飾れるリースを作ろう ―― 104
針葉樹を使ったクリスマスリース ―― 105
小さなシンプルリースを作ろう ―― 106
華やかスワッグ ―― 107

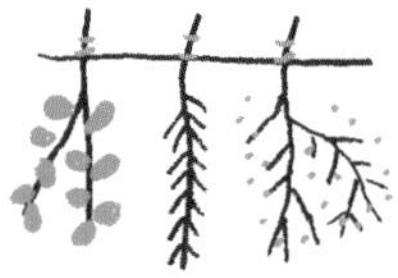

スワッグ教室は 和気あいあい ―― 108

生花で部屋に華やかさを ―― 110
ちょっとしたコツでセンスUP ―― 111
花と器のバランスが大切 ―― 112

押し草を作って飾る ―― 114
草花の美しさを発見し、その姿を描いてみよう ―― 115
自然と触れ合ったときの感動や喜びを 部屋の中にも！ ―― 116

4章
ちょっとお出かけ 癒しのカフェ ―― 117

ツリーハウスが大人気！ 植物好きなら、1度は訪れたい
―1階は園芸専門店、屋上はカフェ―
【Fleur Universelle】 ―― 118

店も住まいもオープン！ 心躍る植物と暮らす毎日
―食べ物、インテリア、植物にこだわりを―
【PARLOR Sablish】 ―― 122

植物名索引 ―― 126

1章

初めての
グリーンライフ
部屋に植物を

植物は癒しを与えてくれるだけでなく、生きるもの同士、元気かどうかを気にかける存在でもあります。室内で育てる初めてのグリーン選びに役立つヒントをたくさん紹介します。

一鉢でも素敵なインテリアに！

観葉植物で暮らしにうるおいを

知っているようで、実はよく知らない観葉植物。
どんな種類があるの？　お世話って難しいの？
どんなふうに飾ると部屋が素敵になる？
初心者入門編です！

観葉植物は生き物　生き生き育つ場所を考えよう

これまで植物を育てることに縁がなかったのに、家にいる時間が増えるようになって、急に気になったという人も多いでしょう。自宅を結ぶオンライン会議の背景に観葉植物が映り込んでいるのを見て、いいな、欲しいなと思うこともあるかもしれません。そもそも観葉植物は、主に室内で育て、楽しむものですが、今やインテリアとしても欠かせないものになりました。そればかりでなく、緑による癒しを得たり、空間を清浄化したりする働きにも注目されています。

観葉植物は人間にとって恩恵を多く受けるものではありますが、まずは生き物であることを忘れないでいたいもの。欲しい植物がいかにうまく生きていけるか、わが家のどの場所なら生き生き育つかを考えてみましょう。

Point
01

選び方のポイント

初めて観葉植物を選ぶときは、置く場所、置ける場所を決めてから環境に合ったもの、望むスタイルのものを選ぶとよいでしょう。

どこに飾る？

置きたい場所を考える

観葉植物の多くは、直射日光が当たらない明るいところを好みます。家の中のそんな場所を探してみましょう。

窓際

レースのカーテン越しや、ブラインドカーテンで明るさを調整できるところはおすすめです。風通しもよい環境です。

キッチン

1

2

1　カウンターの角にちょっとしたスペースがあるなら、高さを生かせるものもよいフォーカルポイントに。
2　キッチンカウンターには枝垂れるものが映えます。調理に使うハーブと観葉植物の寄せ植えもよいでしょう。
3　小物などを飾っている棚にも、雑貨の一つとして、ミニ観葉植物を置くと、癒しの空間が生まれます。

3

リビング

1

2

大きな鉢が 映える場所

1　スペースをとれるコーナーには、葉を大きく広げるアムステルダムキング。一鉢だけで存在感を与えます。

2　サイドテーブルの上と床置きにした観葉植物。丸みを帯びた鉢で揃え、統一感を出しています。

玄関

印象的な植物で 出迎えよう

1　床や窓枠と統一感のある鉢台に、玄関に置くと運気がアップするといわれるモンステラを。すっきりした株で動線を邪魔しません。

2　玄関の内側は太陽の光が届きにくいので、耐陰性のある植物を選びましょう。写真はセローム。

1

2

初心者におすすめ！

育てやすい植物

あれもこれもと目移りしてしまいますが、グリーンライフを長く続けたければ、最初の一鉢の選び方が肝心です。

最初の一鉢こそ育てやすいものを

憧れの観葉植物。最近では個性的な樹形のもの、希少性のあるものでも雑貨店などで手に入るようになりました。見た目の形に目を奪われがちですが、最初の一鉢こそ、扱いが簡単なものを選ぶことが第一です。一鉢目がうまく育つと、次につながりやすくなります。

初心者ならまずはどんな環境でも育てやすい観葉植物を選ぶのがベストです。自分では明るい場所と思っていたところが実はそうではなかったり、朝夕は意外に冷える場所だということに気がつかなかったりというケースもしばしば。そんな場合でもしっかり育つよう、耐寒性、耐暑性、耐陰性にすぐれ、水やりの回数が少なくて済むものがよいでしょう。このページの下段以降に紹介しているものは初心者にも育てやすいものです。事前に少し予習をしてから購入するのがおすすめです。

葉の色や形など、選ぶのも楽しい観葉植物。

テーブルヤシ

繊細な葉と育てやすさで人気です。品種によって高さが異なるため、購入時に確認しましょう。

科・属名	ヤシ科テーブルヤシ属
原産地	メキシコ
耐寒性	弱い
耐暑性	強い
耐陰性	強い

特徴

「テーブル」と名がつくが、高さが３ｍになるものもある。小型のものなら「エレガンス」「テネラ」などの品種を選ぶとよい。ラベルで品種を確認できないときは、生長したときのサイズをスタッフに確認する。ヤシ科ではあるが、薄暗い室内でもよく育ち、徒長もしにくい。葉は銀緑色や濃い緑色で細く、スタイリッシュ。

お世話のポイント

明るい日陰がもっともよく育つ。強い光では葉焼けすることがあるので、夏は直射日光が当たらないように注意を。春から秋にかけては、鉢土が乾いてから底穴から水が出るまでたっぷりと与える。冬は乾かし気味にして葉水を与えるとよい。肥料は生育期の春から秋に緩効性のものを２カ月に１度のペースで。枯れかけているときの施肥は厳禁。

ポトス

つる性の丈夫で育てやすい植物です。斑入りのものは、光不足にならないよう注意しましょう。

科・属名	サトイモ科エピプレムヌム属
原産地	ソロモン諸島
耐寒性	普通
耐暑性	弱い
耐陰性	強い

特徴

属名は「よじ登る」という意味があり、つるで伸びる。ヘゴを支柱にして上へ向けて育てるほか、葉茎を垂らしても楽しめる。旺盛に生長するのが特徴で、伸びすぎて切り落とした葉は水や水苔に挿しておけば発根する。小さな鉢に移してテーブルの上などでも楽しめるミニ観葉植物にするとよい。最近では明るい葉色のものや斑入りのものなど、バリエーション豊かになっている。

お世話のポイント

耐陰性はあるものの、葉の緑色や斑の色をきれいに出すためには、光が当たる場所に置くとよい。夏は直射日光を避け、レースのカーテン越しに置くのがおすすめ。鉢土が乾いたらたっぷり水やりを。エアコンを使用した乾燥しやすい部屋や夏場は、葉水も効果的。春から秋にかけては2カ月ごとに緩効性の肥料を鉢土の上へ置く。病害虫はあまり発生しないが、ハダニやカイガラムシに注意する。

グローバルグリーン

2020年に販売開始となった新品種。ハリのあるつややかな葉は見た目よりもやわらかく、ライムグリーンの斑もやさしい印象を与える。

ライム

室内を明るくするライムグリーンの葉が人気。日当たりがよいところでは緑色がつややかになり、日当たりのよくないところでは緑色が濃くなる。

マーブルクイーン

白から黄色の不規則な斑が美しい。丈夫で育てやすいポトスの中ではやや寒さに弱く、ほかのポトスと同様の世話をしていると根腐れや病気になりやすい。注意深く観察を。

エンジョイ

緑色に白い「覆輪《ふくりん》斑《ふ》（縁取りになる斑）」が個性的。生長がゆっくりで形が崩れにくいため、初心者にも育てやすい。

リプサリス

細長い茎がどんどん伸び、その形はユニークなインテリアにもなります。もとは熱帯雨林で育つサボテン。かわいらしい花と実も魅力です。

科・属名	サボテン科リプサリス属
原産地	中南米、アフリカなど
耐寒性	弱い
耐暑性	普通
耐陰性	普通

特徴

サボテンの仲間で、別名「イトアシ」といわれるように、細長いひも状の茎がユニークな姿をしている。多肉コーナーで売られていることも。品種によって上に伸びたり、下に垂れたりするが、先端が枝分かれしてさまざまな方向に伸びていくのが特徴。4～6月ごろ、茎の先端に小さな花を咲かせる。花後には白い小さな球体の実もつける。長く伸びた茎は春や秋に先端を切り、用土に挿しておくと根づく。

お世話のポイント

直射日光が当たらない、明るい日陰がベスト。日が当たりにくいところでも育つが、その場合、風通しは確保したい。春と秋の生育期には2～4週間に1度、夕方以降にたっぷりと水やりを。夏は生育が抑えられるため、水やりの頻度は減らし、葉水は行う。冬は活動を停止するため、ほとんど水やりはせず、室内が乾燥しているときのみ葉水を。施肥は春と秋に緩効性のものを与える。

カスッサ

上・リプサリスの中でも人気の品種。茎をどんどん長く伸ばし、こんもりとしてくる。高い位置で吊るすと下にも垂れ下がって育つ。 左下・茎の先端が赤く、このあとどちらへ伸びていくのだろうと観察するのが楽しい。 右下・別名「女《め》仙《せん》葦《あし》」「千代の松」。粒状の葉が密集し、茎を取り巻くように短い枝が出てくる。

コラロイデス

メセンブリアンテモイデス

ドラセナ・コンシンネ

細長い葉が美しく、品種によって葉色に違いがあります。スマートな姿は部屋の雰囲気も上品にしてくれます。

科・属名	キジカクシ科ドラセナ属
原産地	モーリシャス
耐寒性	弱い
耐暑性	強い
耐陰性	普通

特徴

種類が多い「ドラセナ」の中でも、放射状に伸びる葉は細長いシャープなのが特徴の植物。葉は美しいストライプは品種によって色が異なる。丈夫で育てやすく、丈が低いものはハイドロカルチャーでの栽培も。スタイリッシュなインテリアとしておすすめ。幼木のときは幹は1本だが、生長とともに樹高が高くなって枝分かれしてきて、茎の曲がりも楽しめる。

お世話のポイント

直射日光の当たらない明るい場所で育てる。直射日光が当たると葉焼けしてしまう。日光が足りないと葉が垂れてくる。耐寒性があるとはいえ、室温が5℃を下回らないようにする。土の表面が乾いてから、たっぷりと水やりを。乾燥しているときは葉水を与えるとよい。肥料は生育期である5～7月に緩効性肥料を。与えすぎると肥料焼けを起こして株が弱るので注意する。

ホワイボリー

上・アイボリーの覆輪斑が入り、緑色との対比が美しい。ドラセナ・コンシンネの中でもよりさわやかな印象。 左下・緑色の葉に赤色が入った原種に近い品種。 右下・赤いストライプが美しく、赤い花が咲いているように華やか。

マルギナータ

レインボー

シルバーハニー

銀色がかった緑色と横縞が美しい。葉はまっすぐ上に伸びるのではなく、こんもりとまとまった姿になり、丸いシルエットの鉢と相性がよい。

サンセベリア

多肉質の細長い葉が印象的で、マイナスイオンを発生するといわれています。乾燥に強いのであまり手がかからず、初心者にも育てやすい植物です。

科・属名	キジカクシ科サンセベリア属
原産地	アフリカ、マダガスカル
耐寒性	弱い
耐暑性	強い
耐陰性	普通

特徴

「サンスベリア」ともいい、和名は「トラノオ」「チトセラン」。日本でも古くから観葉植物として親しまれてきたが、マイナスイオンを発し、空気を浄化する植物として、再び人気を集めている。肉厚の葉がまっすぐ上に伸びるタイプとロゼット状に広がるタイプがある。地下茎から子株ができる。葉の模様が美しい。

お世話のポイント

春、秋、冬は日の当たるところに、夏はレースのカーテン越しに置く。春から秋にかけては、土の表面が乾いたらたっぷり水やりをする。冬は水やりを控え、15℃以下のところでは完全に水切り（水やりをやめること）をする。地下茎が勢いよく伸びていると鉢が割れることもあるので、3年に1度は鉢増しをするとよい。

キルキー プルクラ コッパートーン

銅褐色の葉色、カールした葉形が魅力的。希少種で流通量は少なめ。生長は遅く、丈夫なので姿を保ちやすい。

ローレンティー

尖った葉、黄色の覆輪斑がスタイリッシュで人気。もっとも出回っている。高さは1～2mになることも。

ゼラニカ

濃い緑色に横縞の葉はシックで落ち着いた印象。サンセベリアの中でも原種に近く、乾燥にも強い。初心者におすすめ。

パキラ

まっすぐに伸びた幹に葉柄と葉がついたもののほか、幹が三つ編み状になった樹形のものもあります。丈夫で育てやすく、初心者にも特におすすめの観葉植物です。

科・属名	アオイ科パキラ属
原産地	中南米
耐寒性	弱い
耐暑性	強い
耐陰性	普通

特徴

太い幹から長い葉柄が伸び、その先に数枚の葉をつけた姿が印象的。葉茎が少ないと涼し気な雰囲気に、多めだと緑豊かな空間づくりに一役買う。白や黄色の斑入りの品種もある。

お世話のポイント

日当たりのよい場所に置き、土の表面が乾いたらたっぷり水やりをする。乾燥には強いが、水切れすると落葉する。冬は乾かし気味にして、室内が 3℃以下にならないようにする。緩効性肥料を春～秋に施す。

ガジュマル

古くから精霊の宿る木として知られています。ユニークな樹形が見る者を楽しませてくれます。気根の伸びる力が強いので２～３年に１回は植え替えるとよいでしょう。

科・属名	クワ科フィカス属
原産地	沖縄、東南アジア、ミクロネシア、台湾、オーストラリア
耐寒性	普通
耐暑性	強い
耐陰性	普通

特徴

幹から地面に向かって何本もの気根が伸び、木を支えている。葉は濃緑色で肉厚、光沢がある。葉の縁に白い点がつくことがあるが、病気ではない。

お世話のポイント

春～秋は屋外でも育てられる。夏の直射日光は避けて遮光をするか、日陰に置く。屋内ではよく日の当たるところに。春～秋は土が乾燥したらたっぷり水やりをし、冬は乾燥気味に。施肥は緩効性のものを春～秋に。

シェフレラ

掌のような葉が印象的です。丈夫で生長が早く、大きく育てたければ支柱を立て、コンパクトに保つなら剪定をしましょう。切り戻すと新葉が出やすくなります。

科・属名	ウコギ科フカノキ属
原産地	台湾、中国南部
耐寒性	強い
耐暑性	強い
耐陰性	普通

特徴

茎がまっすぐに伸び、光沢のある葉が掌のようについている。ミニ観葉植物から高木まで、世界には約600種あるといわれる。葉は濃緑色で、黄色や白の斑入りのものもある。

お世話のポイント

耐陰性があり、半日陰でも十分育つが、樹形よく美しい葉に育てたければ、日当たりのよい場所で。生長が早いので伸びすぎたら剪定を。春〜秋は土の表面が乾いてきたら水を与える。冬は乾き気味にする。

コウモリラン

ランと名前がついていますがシダの仲間で、木板などに着生させてインテリアのように育てることもできます。うまく越冬させられれば、その後はしっかり育ちます。

科・属名	ウラボシ科ビカクシダ属
原産地	アフリカ、マダガスカル、東南アジアなどの熱帯地域
耐寒性	普通
耐暑性	強い
耐陰性	普通

特徴

別名「ビカクシダ」。名前のようにコウモリの羽、または鹿の角のように広がる葉の姿を楽しめる。自生地では木に着生しているが、観葉植物としては鉢植えのほか、ハンギングや板につけて壁に飾ってもよい。

お世話のポイント

夏の直射日光は避けて、日当たりのよいところで育てる。用土や水苔などの植え込み材が乾燥したら水を与える。春と秋のみ緩効性の肥料を2カ月に1回程度施す。

フィカス・アルテシマ

フィカス（ゴムノキ）

昭和の喫茶店に置かれていたイメージの「ゴムノキ」。そこから派生した仲間がスタイリッシュになって、多くの品種が生まれています。

科・属名	クワ科フィカス属
原産地	世界の熱帯～温帯（品種による）
耐寒性	普通　※品種によってやや異なる
耐暑性	強い　※品種によってやや異なる
耐陰性	普通　※品種によってやや異なる

特徴

ゴムノキの仲間は世界各地に約850種あり、品種によって樹形、葉の形もさまざまなら、常緑、落葉、つる性とその性質もさまざま。品種まで確認し、環境やインテリアに合わせて選ぶとよい。どの品種でも存在感があり、初心者でも育てやすいのが魅力。生長力があり、冬の寒さで落葉しても、春になると新芽が出てくる。その分、鉢内で根詰まりを起こすこともあるので、生長力が落ちてきたときは鉢増しをする。

お世話のポイント

光が足りないと落葉することもあるので、明るい場所で育てる。耐寒性が弱い品種の場合なら、低温期は特に日当たりのいい場所に移すなどの工夫を。水やりは必ず土の表面が乾いてから行う。乾燥ではなかなか枯れないが、水やりのしすぎで根腐れを起こすことのほうが多い。ただし、葉が大きいものは、乾燥したときにハダニがつきやすいので、葉水をしたり、葉を拭き取るとよい。肥料はなくても育つが、施す場合は春～秋に。

上・葉脈と縁に黄色の斑が入っているのが特徴。光を当てたほうが、斑がきれいに入る。幹がやわらかいので、ワイヤーを用いて曲げ木をしても。　左下・別名「クロゴム」。肉厚でツヤのある葉は、黒に近いシックな緑色。赤い新芽も美しい。　右下・バーガンディーの変わり種。淡い緑色にアイボリーの覆輪斑が入る。バーガンディー同様、新芽が赤く、コントラストが素晴らしい。

フィカス・バーガンディー

フィカス・ティネケ

ちょっと一息

人気のアイビー

観葉植物の中でももっとも知られた存在。属名の「ヘデラ」とも呼ばれ、多くの品種があります。

常緑のつる性植物で、緑1色のもののほか、白や黄色の斑入りのもの、葉の切れ込みが深いものなどがあります。日光を好みますが耐陰性もあり、室内でも育てやすい植物です。最初の一鉢として取り入れる人も多いでしょう。まずはその環境でどう育つかをよく観察して、水やりの頻度など育て方のコツを自分なりにつかんでみましょう。

葉の形やつるの伸び方が造形的で、美しいインテリアに。空間にマッチした鉢選びも楽しいものです。

こだわりの窓辺

着生植物は根まで楽しめるので、窓辺に吊るしてその姿全体を観賞してみましょう。

土ではなく、ほかの木や岩などに根を張る着生植物は根まで楽しませてくれます。バンダ（③）は根に水分を蓄えているので鉢がなくても育ち、立派な花を咲かせます。バンダのような着生ランは花やその香りも楽しめます。アイビーやリプサリスなどの垂れ下がる観葉植物ばかりでなく、こうした着生植物を吊るすのもおすすめです。

① エピデンドルム ②③ バンダ ④ アンスリューム・ビオラセウム ⑤ リプサリス・メセンブリアンテモイデス ⑥ マクシラリア・ポルフィロステレ ⑦ シェフレラ

かごから旺盛に伸びた根を見ていると、その生命力の強さに元気がわいてくるようです。

フィカス・ベンガレンシス （大型）

テーブルサイズから大型のものまでサイズはいろいろありますが、大鉢でより映える植物。生長するにつれて白くなる幹が美しく、室内のシンボルツリーとしてもおすすめです。

科・属名	クワ科フィカス属
原産地	インド、スリランカ、東南アジア
耐寒性	普通
耐暑性	強い
耐陰性	普通

特徴

「ベンガルゴム」「ベンガルボダイジュ」とも呼ばれる。「長寿のシンボル」としても知られる。原産地では30mを超える大木にもなる。生長するにつれて幹が白くなり、樹形も楽しめる。楕円形の葉もかわいらしい。

お世話のポイント

日当たりのよい明るい場所がベスト。夏の直射日光は避ける。エアコンの風が当たらないように注意する。土の表面が乾いたらたっぷり水を与え、冬は控えめに。春～秋にかけて１～２カ月に１度、緩効性の肥料をやるとよい。

シェフレラ （大型）

幹と葉のバランスがよく、一鉢で絵になる観葉植物です。かわいらしい掌のような葉は、室内のなごみポイントにも。気根を出す品種もあり、部屋の雰囲気に合わせて選ぶとよいでしょう。

科・属名	ウコギ科フカノキ属
原産地	台湾、中国南部
耐寒性	強い
耐暑性	強い
耐陰性	普通

特徴

茎がまっすぐに伸び、光沢のある葉が掌のようについているのは小型タイプと同様で、室内では存在感を放つ。大きく育ちやすいので、適度なところで剪定も必要。

お世話のポイント

基本的に小型タイプと同じ。水やりは、春～夏は土が乾いたらたっぷりと。秋～冬は乾かし気味に管理する。高くなりすぎたとき、まとまりがなくなったときは枝を切り揃える。

カシワバゴムバンビーノ（大型）

生長はやや遅いので、樹形を長く保つことができます。幹の曲がり具合を選べるのも大鉢ならでは。新しい葉が連なって出てくる様子も楽しめます。

科・属名	クワ科フィカス属
原産地	熱帯アフリカ
耐寒性	普通
耐暑性	普通
耐陰性	普通

特徴

カシワの葉に似ているカシワバゴムをコンパクトにしたもので、濃緑色の葉がシックな雰囲気。カシワバゴムに比べて葉が小さ目なので、まとまりのある姿を見せる。

お世話のポイント

耐陰性があり、やや暗い場所でも育つものの、丈夫な株にするためには直射日光が当たらない明るいところで育てる。土の表面が乾いたら水をたっぷり与え、冬は乾かし気味に。春〜秋に緩効性肥料を月に１度与える。

コンシンネ（大型）

細い枝が美しいスタイルです。まっすぐに伸びたものを楽しむほか、自分で枝を曲げて仕立てることもできます。

特徴

ドラセナの一種。軽快な細い葉と枝は、室内をすっきり見せてくれる。ひもやワイヤーで枝先と鉢を固定しておくと、好みの形に枝を曲げることができる。

お世話のポイント

夏は半日陰に置き、春と秋はよく日に当てるとよい。大きくなりすぎたときは春〜初夏に切り戻すとよい。土の表面が乾いたら、水やりをする。

ブラッサイア（大型）

シェフレラ・アクチノフィラの流通名。ほかのシェフレラ種よりも、掌形の葉が大きく、枚数が多めでダイナミックです。

特徴

葉のつき方が傘に似ていることから「アンブレラツリー」とも呼ばれる。やわらかくて大きな葉が、空間に心地よさを与えてくれる。斑入りのものもある。

お世話のポイント

日光が当たり、エアコンの風が直接当たらない場所に置く。春〜秋は土の表面が乾いたら水をやり、冬は乾いてからさらに数日待ったころに。

Point 02

買い方のコツ

観葉植物はいろいろなところで販売されています。タイプ別の特徴を紹介します。

買える店はたくさん！

どこで買うか決める

観葉植物が買える店のタイプ別に、メリット、デメリットがあります。あらかじめ知っておき、よい買い物にしましょう。

園芸専門店

専門店だけに、観葉植物の種類やサイズも豊富です。おすすめの植物や育て方などを相談できる専門知識の豊富なスタッフが多いのも魅力。小規模の専門店の場合は、注力している植物の種類があることも。大きな植物を配送してもらえるかにも注意しましょう。

ホームセンター

日常の買い物ついでに下見を重ねることができます。植物そのものだけでなく、土や手入れグッズなどもその場で購入できるのが利点。観葉植物の知識が豊富なスタッフがいるか、販売されている植物の手入れが行き届いているかを日ごろからチェックしておくとよいでしょう。

ネットショップ

観葉植物の種類ばかりではなく、細かな品種まで設定して選ぶことができます。最近では、届く商品の画像が掲載される場合も多いですが、実物を見られないため、実際に部屋に置いたときのイメージをしにくいことも。質問のできるショップを選ぶことも大切です。

インテリアショップ

観葉植物がインテリアとして取り入れられる需要が高まるにつれて、インテリアショップや雑貨店での取り扱いも増えてきました。インテリア性の高いものやこだわりの鉢を探すのにおすすめです。ただし、取り扱う種類や点数が少ないこともあります。

室内でも
ちゃんと育つ？

日当たりを見極める

光合成をする植物にとっては、生きるために光が欠かせません。
植物に合った量の光を確保できるかどうかを確認しましょう。

Point

03

育て方のコツ

観葉植物を育てるために、何に気をつければよいかを知っておきましょう。購入するときの目安にもなります。

太陽の光に透ける葉はとても美しいもの。窓からの距離や時間の経過によっても受ける光の量が変わることを考えながら、植物を配置しましょう。

明るさにも いろいろな程度がある

熱帯由来のものが多い観葉植物は、基本的に太陽の光を好みますが、直射日光を嫌う植物も多いもの。熱帯雨林の中を想像してみるとわかります。同じ日当たりがよいところでも、太陽の光が入って常に明るいところ、明るい日陰と程度はそれぞれです。植物によっては、あまり光の当たらないところでも十分育つものもあります。実際に購入する前に、自分の家のどの部分にどの程度の光が当たるか、しばらく観察してみることをおすすめします。マンションなどの窓のないトイレや洗面所にも、設置できるライトが市販されています。

窓辺に置くときは、カーテンで光の量を調節することも可能です。梅雨どきなど薄暗い日々が続く場合は、ライトを使ってもよいでしょう。

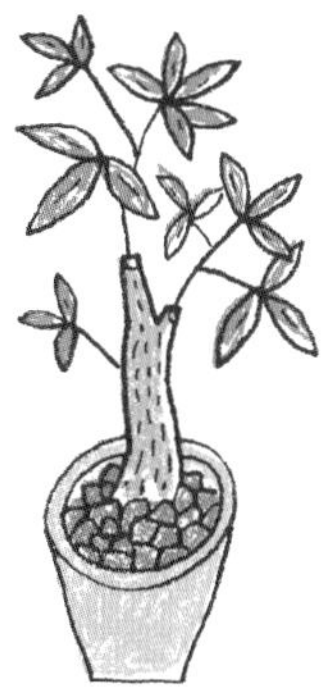

植物に合った水やりを

植物によって欲する水の量は異なります。また、季節によって、水やりの量の調整が必要なこともあります。基本は、「土の表面が乾いたらたっぷりと」です。

水やりのしすぎに注意。季節によっても異なる

屋外で育てる多くの植物のように、毎日水やりが必要な観葉植物はあまりありません。多くは土の表面が乾いてから、鉢底から水が出てくるまでたっぷりと水やりをします。底から水が出てくるということは、鉢の中の根すべてに水分が回った証拠です。受け皿にたまった水は必ず捨てましょう。そのままになっていると鉢内の酸素が不足して、根腐れを起こします。また、寒い時期に休眠する植物は、水やりを控えめにすることが大切です。土の表面が乾いたことを確認してから4～5日待って、ほかの季節と同様に水やりをします。乾燥を好む植物は月に1回程度でよいことも。水切れよりも水のやりすぎのほうがトラブルの原因に。

水やりをするときは、株元に。葉からかけると株を傷める原因になります。

乾燥しているときは、霧吹きで葉全体に水をかける「葉水」が有効です。

ハイドロカルチャーで育ててみよう

清潔に育てられ、水の管理も難しくありません。水温が上がりにくい場所に置くため、耐陰性のある植物がおすすめです。

清潔で水の管理も簡単

土の代わりに発泡煉石（ハイドロボール）やセラミスなどの植え込み材を使い、そこに水を入れて育てる水耕栽培の一種です。室内に観葉植物を置きたいけれど、土があることで虫の発生が心配という人にもおすすめです。

最初に入れた水を完全に吸い上げたら、同じ量の水を足すことで、適切な水分と酸素が一定に保たれます。ガラス容器を使うと、内部の水分量を目で見て確認できます。容器の底には根腐れ防止剤を必ず入れ、植えつける植物は、購入時の土は洗い落とします。植え込み材は年に1度は入れ替えましょう。

グリーンの容器で植物と一体感が出ています。

風通しのよい場所に置く

植物にとって光、水とともに大切なものが風です。室内で育てるからこそ、風通しには常に留意しておきましょう。水やりと家を空けるタイミングには要注意です。

風通しがよくないと根腐れや病害虫の原因に

室内で育てるためには、風通しがよいことも必要な条件です。風通しがよくないと水やり後になかなか土が乾かず、根腐れを起こしやすくなります。また、空気の動きがないところでは、カビや病害虫が発生しやすくなります。エアコンの風や加湿器などによって、温湿度が人間には快適でも、植物には不適切な環境になることも多いものです。旅行など長期で家を空ける場合も要注意。つい、たっぷり水をやってから出かけがちですが、水やり直後に閉め切ってしまうことはとても危険なことです。水やりをしたあと、しばらく換気の時間をとれるくらいのゆとりも必要でしょう。窓がない場所では、サーキュレーターを使うのも一法です。

よく観察することが大切

植物の置かれる環境は千差万別です。似ているようでも少しずつ異なります。その植物に合った環境を整えるために、植物の状態をよく観察しましょう。

状態がよくないときは、専用の場所を設けて養生を行うとよいでしょう。

環境に順応するまでの1カ月間を大切に

ここまで、観葉植物を育てるために必要な環境を述べてきましたが、光、水、風の状況はそれぞれの家、場所によってさまざまです。また、購入したときの植物の状態もいろいろですから、結局のところは、植物の状態をよく観察して、それに合った対応をしていくことが大切です。観葉植物は環境の変化に順応するのに1カ月程度かかるといわれています。まずは最初の1カ月を植物と一緒に乗り越えてください。そこでうまく育てば、長期間安定して育つことが多いものです。

購入したら

植え替える

観葉植物を購入したときに、ポリポットに入っていたものは、せっかくなので、インテリアに合った鉢に植え替えましょう。

①移植ゴテ　②購入した植物。写真は「ポトス・エンジョイ」。③鉢　④鉢底ネット　⑤培養土（観葉植物用のものがおすすめ）⑥鉢底石

1

鉢は必ず穴のあいたものを用意します。鉢の底にネットを入れます。

2

鉢底石を、鉢の高さの 1/10 ほど入れます。

3

鉢底石が隠れるくらいの培養土を入れます。

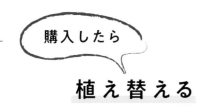

4

根鉢を崩さないように、ポリポットから植えつける植物を抜きます。

→

5

ポリポットから抜いたところ。

→

6

鉢に植物を入れます。

7

鉢と植物のすき間に、移植ゴテで培養土を入れます。強く入れると根を傷めるので注意を。

→

8

指先や割りばしなどの先で、細かなすき間もやさしく埋めていきます。

→

9

培養土の量は、鉢の縁から少し下がった程度が適量です。

10

底から水が出てくるまで、たっぷりと水やりをします。

→

Finished

11

1年中楽しめる

多肉植物

季節を問わず、かわいらしい姿やユニークな形を見せてくれる多肉植物は、初心者にも育てやすい植物です。簡単にふやすことができ、アレンジもいろいろと楽しめます。

接ぎ木エケベリア。花びんで半年ほど観賞したあとは、挿し木でふやす楽しみも。

品種名と生育期を確認して育てる場所を考える

近年人気を集めている多肉植物。暮らしにグリーンを取り入れるにあたって、関心があるという人も多いことでしょう。ぷっくりした肉厚の葉を持ち、水分がしっかり貯蔵されているから水やりは不要なのではないか、また、雑貨との相性もよいから小物と一緒に室内に飾ろうなどと考えてはいませんか？ でも、1年のうちでよく育つ生育期にはある程度の水分を欲しがるものもあります。また、多くは日当たりを好むので、室内に置いたままでは枯れてしまったり、ひょろひょろと徒長し、多肉特有のかわいらしさとかけ離れてしまったりすることもあります。多肉植物には多くの品種があるので、入手時には品種名と性質を確認し、家のどの場所でどう育てればよいかを考えてみましょう。よく育つ時期をもとに「春秋型」「夏型」「冬型」と種別されているのでタイプの確認も必要です。

世界各地で盛んに交配が行われているため、新品種が次々に誕生しています。同じ品種でも別名が多くあったり、間違った名前で流通していることもあり、購入時はよく確認を。

コチレドン属

むっちりした多肉らしい質感が魅力です。かわいらしいネーミングが多いのもこの属の特徴。寄せ植えに愛らしさを加えてくれる存在です。

科名	ベンケイソウ科
生育タイプ	春秋
耐寒性	弱い
耐暑性	強い
耐陰性	弱い

特徴

肉厚の個性的な葉を持つものが多い。産毛に覆われたもの、白粉をまぶしたようなもの、葉形に特徴のあるものなどさまざま。多くは茎が長く伸び、下部は木質化する。

お世話のポイント

日当たりと風通しのよい場所を好む。葉が肉厚な分、乾燥に強いが、蒸れには注意が必要。梅雨どきから9月までと冬季の水やりは控えめにする。葉挿しには向かないので、春先に挿し木にするとよい。

難易度

福《ふく》だるま

「ふっくら娘」と呼ばれていることも。白粉に覆われたようなふっくらと丸い葉を持つ。緑が紅葉時には赤くなる。

難易度

福娘《ふくむすめ》

福だるまと同じように、白い粉をふいたような丸みを帯びた葉だが、比べると葉が細長い。夏から秋にかけて茎を長く伸ばし、オレンジ色の花をつける。

難易度

月兎耳《つきとじ》

カランコエ属

夏に強く、暑い時期にもよく生長する半面、寒さには弱いのが特徴です。冬には寒いところに置かないようにすれば、種類も多彩で初心者にも育てやすい多肉植物です。

科　名	ベンケイソウ科
生育タイプ	夏
耐寒性	弱い
耐暑性	強い
耐陰性	普通

特徴

葉の出方が十字になっているのが特徴。葉挿しにすると縁にかわいらしい新芽をつけ、ふやすのも楽しい。葉の形や色が豊富なのはもちろんのこと、花が美しいものも多い。

お世話のポイント

暑さには強いが、酷暑期には直射日光は当てないようにする。冬は5℃以下になると生育が悪くなり、枯れてしまう。水やりをやめて室内の日当たりのよい場所で管理する。

難易度

月兎耳《つきとじ》（チョコレートソルジャー）

難易度

黒兎耳《くろとじ》

難易度

不死鳥錦《ふしちょうにしき》

白く美しい毛に覆われた月兎耳、それより緑がやや濃いめの黒兎耳は寄せ植えに人気。不死鳥錦は日当たりが悪いと、赤色が出にくくなるので注意。

エケベリア属

バラの花のようなロゼット状の葉を持ち、その華やかさは多肉植物の女王の風格。葉の大きさも色もさまざまです。世界中に愛好者が多く、盛んに交配されているため種類も無数にあります。

科名	ベンケイソウ科
育成タイプ	春秋
耐寒性	弱い
耐暑性	強い
耐陰性	弱い

特徴

一株ずつ育てても、寄せ植えにしても絵になる。葉が注目されるが、花も色鮮やかで美しく、茎の根元から切って水なしで花びんなどに挿しておくことができる。挿し木や葉挿しでふやせる。

お世話のポイント

日当たり、風通しのよいところで育てる。夏と冬は休眠期なので水やりは控えめに。葉が重なっているところに水がたまりやすいので注意する。花が終わったら、茎の根元から切っておく。

難易度

黒《くろ》玉《たま》子《ご》

難易度

トップスレンダー

難易度

プレリンゼ

黒玉子は古紫とも呼ばれる。深い赤紫色の葉が艶やか。ねじれた白緑色の葉が個性的なトップスレンダー。プレリンゼは尖った縁の赤い葉が特徴。

難易度

オウレイ

葉は厚みがあり、黄みがかっていて葉先がオレンジ色。秋になると黄色がさらに鮮やかになって葉先が赤くなる。

セダム属

世界各地に600種以上あるといわれる、多肉植物の中ではもっともポピュラーな種類です。暑さ、寒さにも強いものが多く、幅広い場所で育てることができます。

科　名	ベンケイソウ科
生育タイプ	春秋
耐寒性	強い
耐暑性	強い
耐陰性	弱い

特 徴

芝生状に広がってふえるもの、ロゼット状に葉を広げるもの、ふっくらした葉を持つものなど、バラエティに富んでいる。寄せ植えに重宝するのはもちろんのこと、丈夫で地植えでも育つ。

お世話のポイント

日当たりを好むが、真夏は直射日光を避ける。耐寒性にすぐれており、0℃前後になっても越冬する。乾燥に強いので水のやりすぎに注意。過湿状態では葉が落ちる。群生するタイプのものは蒸れないようにする。

難易度

ドラゴンズブラッド

深いワインレッド色が紅葉時にはさらに色濃くなる。株分けをしやすく、寄せ植えに効果的に使うことができる。

難易度

トリカラー

その名の通り、グリーン、ピンク、白の3色の葉が美しい。紅葉時になると、ピンク色がさらに鮮やかになる。

難易度

ダシフィルム

青みの強い丸い葉がロゼット状になって密集する。蒸れに弱いので、梅雨どきから夏にかけては風通しのよい場所に。

難易度

ブレビフォリウム

粒々のような小さな葉が愛らしい。丈夫で、こぼれ落ちた葉からも新芽がふえていく。涼し気な色が寄せ植えのアクセントにも。

セデベリア属　セダム+エケベリアを掛け合わせた園芸種

難易度

ファンファーレ

エケベリアの美しさとセダムの丈夫さを持ち合わせた種属。淡い葉色でシャープな形が印象的。上へ伸び、下には子株が増える。

難易度

ミルクゥージ（斑入り）

黄緑に黄色〜クリーム色の斑が入り、寄せ植えに使うとかわいらしさがプラスされる。濃緑色のものに比べやや繊細。

クラッスラ属

品種が多く、形や大きさ、色だけでなく性質もさまざま。購入時は生育タイプも併せて確認しましょう。ユニークな姿をしているものが多い属です。

科名	ベンケイソウ科
育成タイプ	品種によって異なる
耐寒性	弱い
耐暑性	強い
耐陰性	普通

特徴

横に広がって群生するもの、上に伸びる立性のものなどバラエティに富んでいる。紅葉が美しいものも多い。葉は十字型についている。生育期の違いによって、花期も異なる。

お世話のポイント

品種により性質はさまざまだが、基本的には日当たり、風通しのよいところで育てる。夏型種以外は、屋外でもあまり雨の当たらない軒下などへ置くとよい。

難易度

ワーテルメイエリー

春秋型。産毛で覆われた葉は、赤く紅葉する。

難易度

舞乙女《まいおとめ》

春秋型。厚い葉を数珠のように連ねて上に伸びる。

セネキオ属

セネシオ属とも呼ばれます。シルバーグリーン系の色、枝垂れるタイプのものが多いですが、小灌木や塊根になるものも。ポピュラーな「グリーンネックレス」もこの仲間です。

科名	キク科
育成タイプ	品種によって異なる
耐寒性	普通
耐暑性	強い
耐陰性	普通

特徴

京童子は別名「アーモンドネックレス」。つるを伸ばして枝垂れる。葉を日光に当てることでよりふっくらし、縞模様がはっきりする。茎を長く伸ばして花をつける。

お世話のポイント

京童子は夏型。日光は好むが、直射日光は避け、真夏は遮光するとよい。過湿に弱いため、春から秋は土が完全に乾いてから水やりをし、冬は乾かし気味に育てる。

難易度

京《きょう》童子《わらべ》

難易度

猿《さる》恋《こい》葦《あし》

ハチオラ属

サボテンの仲間で、「葦サボテン」とも呼ばれています。トゲがなく枝分かれする棒状のサボテンと考えればよいでしょう。長くなると枝垂れ、茎の先に花をつけます。

科 名	サボテン科
育成タイプ	夏
耐寒性	弱い
耐暑性	強い
耐陰性	普通

特 徴

猿恋葦は学名「サリコルニオイデス」の音からとったともいわれる和名。節のある枝は弾力がある。単体でも寄せ植えでも、動きのある枝ぶりが楽しめる。ハンギングにしてもおもしろい。

お世話のポイント

日当たりを好むが、盛夏は遮光をするか半日陰の場所に移す。サボテンだが意外に水を好む。雨季・乾季のイメージで生育期の4～9月はたっぷり水やりをし、そのほかの休眠期は控える。

難易度

桃《もも》美《び》人《じん》

パキフィツム属

「パキフィツム」は「厚い植物」の意味。名前の通り、ふっくらとした卵型の葉が印象的です。生長がゆっくりなためスタイルが崩れにくく、寄せ植えにも重宝します。

科 名	ベンケイソウ科
生育タイプ	春秋
耐寒性	弱い
耐暑性	強い
耐陰性	弱い

特 徴

ぷっくりとした肉厚の葉がキュートで、この属には「○○美人」と名づけられているものが多い。下の葉を落としながら、少しずつ上に向かって伸びる。桃美人は紅葉時には紫かがったピンク色になる。

お世話のポイント

春と秋は屋外で日に当てて育てる。酷暑の時期には遮光を。日照不足だと葉の色が悪くなり、徒長しやすくなる。生育期は土が乾いてから3日後くらいにたっぷりと、夏と冬は2週間に1回くらい水やりを。

Point 02

買い方のコツ

多肉植物を入手できる店も増えてきました。手入れがよくされていて、傷んだり徒長したりしていない苗を扱っているところで購入しましょう。

初めての多肉植物！

どこで買うか決める

近隣で入手できそうな店を日ごろから見て回り、ときにはスタッフと話をしてみて、候補の店をいくつか持っておくとよいでしょう。

園芸専門店

多くの品種を見てから選びたいなら、園芸専門店がおすすめです。多肉植物の取り扱いが多く、苗の手入れも行き届いている店を選ぶとよいでしょう。育て方などをスタッフに聞くこともできます。地域のクラフトマーケットなどに出張出店していることがあるので、要チェック。

ホームセンター

以前からホームセンターでも園芸用品を扱っていましたが、最近のグリーン人気にのって、センスのよい植物に力を入れるところも増えています。手入れの行き届いた店を選び、目当てのものがある場合は、あらかじめ入荷情報を調べておくとよいでしょう。

ネットショップ

珍しい品種が欲しい場合には、ネットショップも重宝します。苗の質が心配な場合は、信頼のあるナーセリー（植物栽培園）のものを取り扱っている店を選ぶとよいでしょう。実店舗がある場合は可能なら一度出かけてみて、信頼がおければ次回からネット注文にするのもおすすめ。

インテリアショップ

実際の暮らしの中で多肉植物をどう生かすかをイメージしやすいでしょう。鉢の使い方やセンスよく植える方法など、参考になることも多いはず。育て方などの知識に詳しいスタッフがいる店がおすすめです。植物の手入れが行き届いているかがよい店を見分けるカギに。

多肉植物も
水は必要？

時期に合わせた水やりを

乾燥地帯と日本のいちばんの違いは湿気。特に梅雨どきは高温多湿になりやすいので、注意が必要です。

Point
03

育て方のコツ

多くは乾燥地帯が原産地の植物です。四季のある日本で育てるには植物の性質を知り、それに合った育て方をすることが大切です。

生育期にはたっぷりと休眠期には控えめに

多肉植物はよく生育する時期によって、「春秋型」「夏型」「冬型」と大きく3タイプに分けられます。基本的に、生育期には定期的にたっぷりと水やりをし、休眠期は水やりを控えて乾かし気味に育てます。水やりのタイミングが正しくても、風通しの悪い場所では水が蒸発しません。鉢を置く環境にも注意を払いましょう。多くの多肉植物は、春から秋は屋外の軒下で管理するのがおすすめです。

春・夏は「腰水《こしみず》」がおすすめ。水を張った容器に鉢ごと30分ほどつけ、その後はしっかり水切りをします。

水やりのサイン

- 葉がしんなりとして元気がなくなる
- 土の表面がカラカラに乾いている

過湿による根腐れに注意する

水やりを忘れて枯らすよりも、過湿で根腐れさせてしまうほうが多いことを、まず心に留めておきましょう。品種にもよりますが、春から夏は7～10日に1回程度、秋は10～14日に1回程度、冬は1カ月に1回程度、秋冬は暖かい日の午前中に控えめに水やりをするのが目安です。ブリキ容器や空き缶などで育てている場合は蒸れやすいので、植物の状態をよく観察しながら回数を調整しましょう。

水やりをするときには、根元に。真上から水をかけると、葉の間に水がたまって腐りやすくなります。

丈夫に育てるための

多肉植物の植え方

購入した多肉植物は、ポリポットのままではなく、早めに植え替えましょう。植え替える直前は水やりを控えて、植物が乾いた状態で行います。

準備

必要なものを揃えておきましょう。ここでは、よりよい状態で長持ちさせるための方法で行っています。苗の一つ一つが小さいので、ピンセットや不要になったスプーンなど、細かな作業に対応できるものを用意すると便利です。

1

鉢を用意する。右は底に穴があいたもの、左は穴があいていないもの。

2

左・発根促進剤などをつけるための水。右・苗の根元に巻くための長めの水苔。使用前に水を含ませて軽く絞っておきます。簡易に植え替える場合は不要。

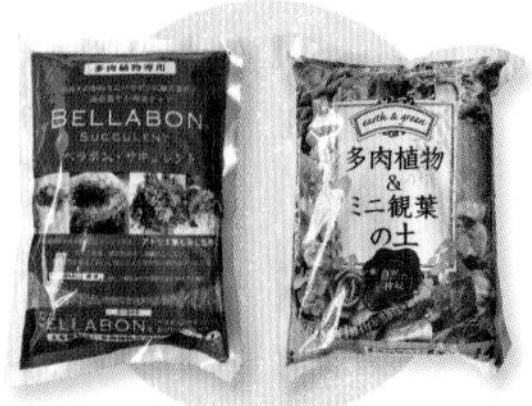

植えつけるための土。左・多肉植物専用のヤシの実チップ。右・多肉植物専用培養土。

3

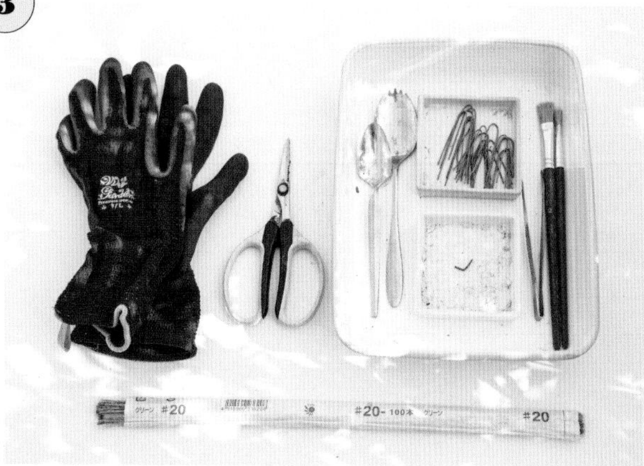

上・左より園芸用手袋、園芸バサミ、不要になったスプーン、小皿、ピンセット、筆。下・針金。カットしてU字に曲げ、植物を押さえるためのピン（トレイ中央上段）を作っておきます。

左・珪酸塩白土《けいさんえんはくど》。土壌改良剤の一種で、発根を促し根腐れをしにくくする効果もあります。中・鉢底石、右・緩効性肥料、上・鉢底ネット。

4

右から殺菌剤、発根促進剤、これらを混合させたものを保存しておく密閉びん。簡易に植え替えるときには不要です。

→

殺菌剤と発根促進剤を同量ずつ混ぜ合わせておきます。あらかじめ混ぜ合わせてびんに入れて保存しておくと、必要なときにすぐに使えます。

用土の配合

植えつける土は、多肉植物用の培養土を使うと便利です。ここでは、軽くて扱いやすく、清潔で水の管理がしやすいヤシの実チップを使用しています。

植え替えを行う30〜40分前に、ヤシの実チップに水を含ませておきます。乾いたら殺菌剤、発根促進剤、元肥（緩効性肥料）少々を入れます。多肉用の培養土を使う場合も、殺菌剤・発根促進剤を混ぜると安心です。

→

左のものをよく混ぜ合わせます。

鉢に土を入れる

あらかじめ穴があいている鉢、穴がない鉢、それぞれの鉢への用土の入れ方を紹介します。

穴なしの鉢

鉢の底に珪酸塩白土を少量入れます。

→

その上から、植えつけ用の土を入れます。

穴ありの鉢

鉢底ネットを、穴を覆う大きさにカットして、穴の上に敷きます。

→

その上から植えつけ用の土を入れます。深さのある鉢の場合は、鉢底石を入れてから、土を入れます。

ポットから鉢へ

いよいよポリポットから鉢に移します。多肉植物は、観葉植物や一般の花苗などと比べて繊細なので、よりていねいに扱うようにしましょう。

1

ポリポットから、多肉植物（写真はプレリンゼ）をそっと抜き取ります。大きなものは多肉植物を指先でつまんで持ちますが、小さなものの場合は、ピンセットでつまんで出すとよいでしょう。

→

2

取り出した多肉植物の根を細い棒などで軽くほぐします。根を傷めないよう、棒は金属のものではなく、木製のものなどを使うとよいでしょう。

3

根元近くの土をトントンと落とします。ここにはほかの雑草の種や害虫などが潜んでいるため、きちんと取り除く必要があります。

→

4

株が大きいものは、この段階で株分け（P.51）をします。

5

植えつけ用の土の上に置きます。写真ではこのあと寄せ植えをするため（P.47～）、置いたままですが、小さな鉢に一株植える場合は、スプーンで鉢の縁から少し下がった程度まで植えつけ用の土を入れます。

美しい一鉢に！

寄せ植えの仕方

一鉢で数種類の多肉植物を楽しめる寄せ植え。苗をそのまま土に植えつけてもよいのですが、ここでは健康で長持ちするように、一手間かけた方法を紹介します。

1

鉢の核にするプレリンゼの根元に水苔を巻きつけます。

→

2

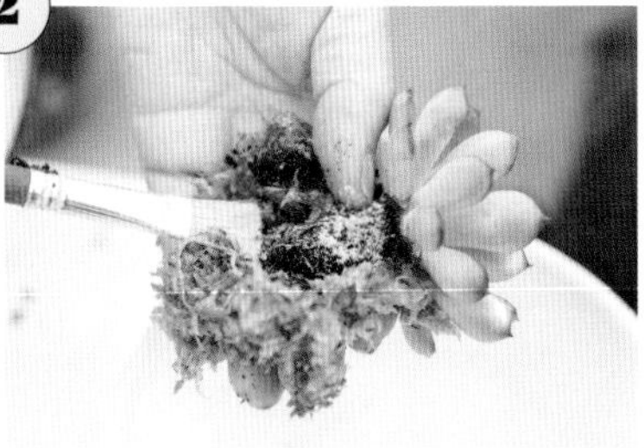

水苔を少しめくり、水でぬらした筆で根の部分に発根促進剤と殺菌剤を混ぜたものAをぬります。

→

3

褐色のセダム・ドラゴンズブラッドを②に添え、根の部分にAをぬります。

4

プレリンゼとドラゴンズブラッドを水苔で束ねます。

→

5

④にピンクの縁取りが美しいトリカラーを添え、根の部分にAをぬります。

→

6

3種をブーケのようにまとめ、全体の根元に水苔を巻きつけます。

7

⑥を植えつける土の上に置き、U字ピンで固定します。

→

8

①〜⑦をさらに3回くり返し、それぞれバランスのよいところにU字ピンで固定します。

→

9

⑧で固定した多肉植物の束の根元にかかるように、植えつけ用の土を足します。

10

福だるまやミルクゥージ（斑入り）などもAと水苔を使って間を埋めるように固定します。

→

11

鉢の縁は土が隠れて、多肉植物がきれいに見えるかどうか、真横から見ながら確認します。

→

12

鉢の周囲すべてに、多肉植物をバランスよく並べます。

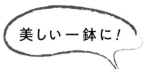

13

使用する多肉植物は、大きさや色のバランスも見ながら、Aと水苔を使って固定します。

14

鉢のあいている部分を埋めるものは、仮置きをくり返しながら決めていきます。

15

全体に一通り多肉植物で埋まったら、トップに華のあるファンファーレを差し込みます。

16

⑮がしっかり固定されるよう、細い棒の先を使って押し込みます。

17

U字ピンでトップに置いたファンファーレをしっかり固定します。

18

全体を見てすき間があれば、ピンセットを使って小さなセダム類などを差し入れます。

すべての作業を終えたら、回しながら見たり、真上や真横から見たりして確認し、最終的に整えます。

Finished

でき上がり直後は水やりはせず、3日〜1週間たって土の表面が乾燥してから、たっぷりと水やりをします。

知っておきたい！

メンテナンスの仕方

多肉植物は時間の経過とともに枯れたり、徒長しすぎたりしてしまいます。そんなときはすべて植え替えなくても大丈夫。1部分を入れ替えてリフレッシュを。

1

枯れたり傷んだりしたものは取り除いておきます。新たに植えるために、小さなスプーンで土を少しかき出します。

↓

2

植えやすいよう、細い棒の先で穴をあけます。

↓

3

新たに植える多肉植物の根に発根促進剤と殺菌剤を混ぜたものをつけて水苔を巻き、穴に差し込みます。

↓

4

すき間があれば、水苔を細い棒の先で押し込みます。①～④をくり返して、新旧の植物を入れ替えます。P.50～51で紹介する方法で増やしたものもメンテナンスに役立ちます。

○ メンテナンス前 ○

○ メンテナンス後 ○

簡単で楽しい！

ふやし方

多肉植物は生長が早く、伸びすぎてしまったものや折れてしまったものから簡単に株をふやすことができます。メンテナンス時に余った茎や葉も有効利用を。

挿し木

カットした茎を土に挿しておくと、根が出て新しい株に生長します。こうしてふやすことを挿し木、または挿し穂といいます。カットしたら、土に挿す前に3〜4日間ほど日陰で乾燥させておきます。

1

挿し木用の土を用意します。多肉植物用の土がベターですが、草花用の土でも可能。肥料は入れません。

↓

2

徒長した茎は、清潔なハサミでカットし、汚れた部分を取り除いて、そのまま乾燥させておきます。

↓

3

茎の長いものは立てて乾燥させておきます。挿す前に、茎を水でぬらします。

↓

4

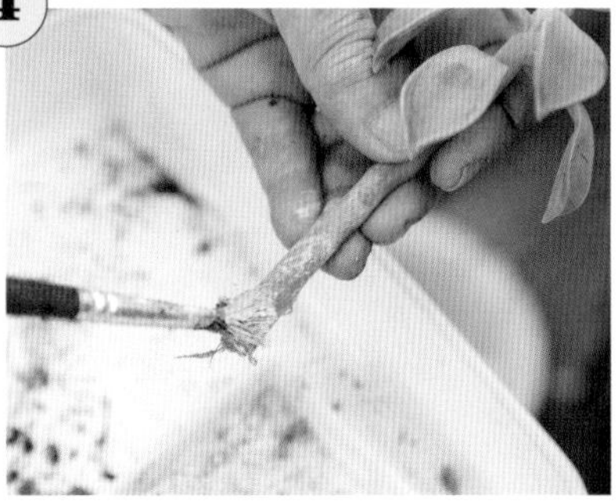

茎の下から3cmくらいまでのところに、発根促進剤・殺菌剤を混ぜたものを筆でつけます。

5

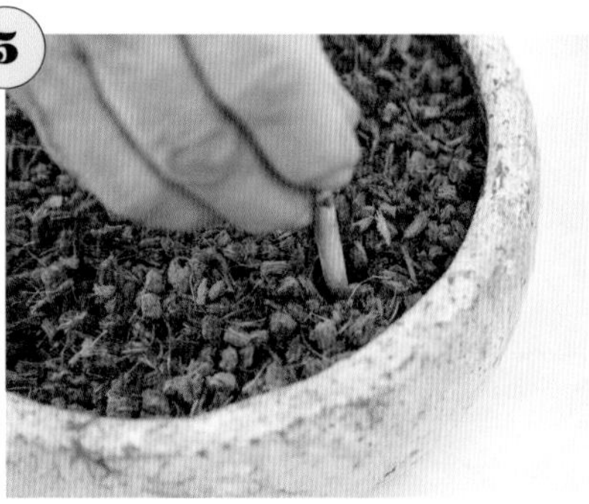

細い棒の先を使って、植え穴をあけます。

↓

6

植え穴に茎を挿します。

↓

7

剪定で出た小さな株も同様に挿します。あまり小さいものは、発根促進剤・殺菌剤はつけなくてもOK。

↓

8

挿したあとは水やりをせず、3〜4週間たって発根したら水やりをします。挿し木は春や秋の穏やかな気候のときに行うとよいでしょう。

葉挿し

たった1枚の葉から、株を増やすことができます。メンテナンスで取り除いたもののほか、うっかり触れて落としてしまった葉も、気軽に試してみましょう。

1〜2カ月でかわいい子株ができる

多肉植物は、葉1枚の中にも多くの水分が蓄えられています。そのため、葉を土の上に置いておくだけで根や芽が出始め、新しい株へと育っていきます。不要になった葉はもちろん、元気な株のものでも、根元に近いものをそっと外してふやすこともできます。

新しい土の上に、葉の表側を上にして置き、水やりはせずにそのままにしておきます。品種によっても異なりますが、1〜2カ月たつと小さな芽が、小さいながらも親株と同じ形になってきます。そうなったら別の鉢に植えつけましょう。1度にたくさんの株を育てることができるため、寄せ植えの材料に適しています。左写真下は発根してきたもの。中央はかわいらしい子株ができてきたものです。

株分け

株が大きくなってきたら、株分けをして別々に植えつけると、分けたものがそれぞれに大きく育っていきます。

エケベリア（写真上）などの株がはっきり分かれているものだけではなく、セダム（写真下）のようなものも、株が外れやすい位置があるので、それを探りながら株分けします。

根をていねいにほぐし、新しい鉢に植えつける

多肉植物を植えたままにしていると、子株が増えて鉢の中が根詰まりしてしまいます。そんなときは、株分けをしてそれぞれを伸び伸びと育てましょう。一株ずつ小さな鉢で育てるほか、寄せ植えの材料にしてもよいでしょう。

株分けしたいものを鉢からゆっくり取り出し、根についている土をきれいに落とします。根が絡み合っていたら、細い棒の先などを使って、ていねいにほぐします。子株が密集している場合は、外側の子株から取り外していきます。このとき、傷んでいる部分があれば取り除きます。分けた株はそのままにしておかずに、すぐに鉢に植えつけます。

エアプランツを育ててみよう

土を使わずに育てることができるのがエアプランツです。自生地では岩や木、サボテンなどの植物に着生しながら育つ植物で、多彩なアレンジが可能です。

1　リースに細い針金で留めたもの。上から時計回りに、ウスネオイデス、ブラキカウロス、イオナンタフエコ、キセログラフィカ、コットンキャンディ。
2　洗面所の癒しにキセログラフィカをあしらって。
3　流木をトレイ代わりにして、コットンキャンディをのせました。
4　棚の空きスペースに置いたアンティークのバケツにコットンキャンディをのせています。

花びんも鉢も不要！雑貨との組み合わせも抜群です

空気だけで育つわけではなく水分補給も必要

最近では園芸専門店などでも見かけることが多くなったエアプランツ。土に植える必要がなく、インドアでも清潔に育てられるのが魅力です。土と鉢の制限がないため、トレイにのせたり、小物と一緒に棚に飾ったり、吊るしたりと楽しみ方もいろいろと工夫できます。空気だけで育つイメージの名前ですが、水分が不要なわけではありません。エアプランツがインドアグリーンに取り入れられるようになった当初は、霧吹きで水をかける程度と思われ、うまく育てられないことも多かったようです。その存在が広く知られるようになった現在は、適切な水分補給法も広まり、暮らしにとけ込んだ植物となりました。

基本の育て方

エアプランツは手軽に育てられますが、長く楽しむためには、適切な環境を用意してあげましょう。水分補給をしたあとは、しっかりと乾かして腐らないようにします。

日当たり、風通し、水分補給が大切

土や鉢がいらないので、室内のどこにでも置きたくなりますが、できるだけ日当たりと風通しのよい場所に置きましょう。自生地で樹木などに着生しているところを想像してみてください。木漏れ日が当たり、やさしく風に吹かれている様子が目に浮かぶはず。そんな環境をつくってあげたいものです。屋外なら直射日光の当たらない半日陰の場所、室内ならカーテン越しにやわらかい光が当たり、窓をあけると自然の風が入る場所が最適です。エアコンの風が直接当たる場所は厳禁です。洗面所やトイレなど、光が入らない場所に置く場合は、日中は灯りをつけておき、週に2～3時間は日光の当たる場所に移動させるとよいでしょう。

水やりは、春から秋にかけては1日に1回、ジョーロや霧吹きで水がしたたり落ちるまでたっぷりと水をかけます。その後、上下に振ったり、逆さにしたりして水を切ります。冬は状態を見ながら、週に1回程度行います。エアプランツは夕方から朝にかけて気孔が開くため、その時間に水やりをすると効果的です。冬は冷えるので、午前中に行います。

長く垂れ下がるウスネオイデス。自生地では樹木に絡まって育ちます。庭の木に吊るしても。

水切れを起こしてしまったときや、長期間家を空けるときなどは「ソーキング」を行いましょう。株全体が水につかるくらいのバットやバケツを使い、5～6時間ほど水につけたあと、しっかり乾かします。

多肉植物の寄せ植えを楽しもう

「寄せ植えは、絵を描くように植物を入れていくのがコツ」とガーデナーの宅間美津子さんは話します。
宅間さんの手による寄せ植えを参考にヒントを見つけてみましょう。

オレンジ色が美しいオウレイが主役の寄せ植え。手前は2色のセダム（オウゴンマンネングサ、パリダム）で低く、奥はオウレイと似た肉厚なクラシハマタ、月美人を高く使って、立体感も出しています。

1つの寄せ植えの中にはアクセントが必要です。通称「花ホタル」と呼ばれる黄色の花・バルバータを生かす寄せ植えにしたいと思い、それ以外はクリスマスローズと多肉植物の緑の濃淡で変化をつけました。

鉢の中はまるで
小さな花畑のよう

ピンクの縁取りがかわいらしいサンバーストがアクセントになるように仕上げました。横長の鉢の手前は花畑のよう。その部分が間延びしないよう、赤く色づいたスノージェイドをサブのアクセントに据えています。

特徴的な形態のサボテン・バニーカクタスを主役に。これだけが突出しないよう、左上に濃い色のテトラゴナを林のように植え、反対側の右下には形が印象的でも色の薄いものを集めました。

ここでの主役は中央に配置した大きなエケベリア。手前はグリーンネックレスを枝垂れるように植え、高い位置で観賞できるものにしています。

鉢に合わせて
多肉植物も効果的に
配置しました

逆三角形のハンギング鉢には、対称的に三角形ができるように配置しました。両脇に褐色のマツバマンネングサを配置し、全体を引き締めています。

コクリュウの葉が噴水の
ように揺れています

平たいサンドプランターを生かす寄せ植え。ここでの主役はコクリュウ。色とりどりのセダム畑の上で、黒く細長い葉が風に揺れる様子が印象的。ブルーグレーのシラユキミセバヤの美しさも際立ちます。

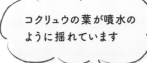

エアプランツを素敵に飾ろう

のせたり、入れたり、吊るしたり……。お気に入りの小物と合わせて、飾り方を考えるのも、
エアプランツの楽しみです。ガーデナー・宅間さんの部屋を見せてもらいました。

アンティークの小物と一緒に、小さなガーデンを。イオナンタの丸みがかわいらしい。水分補給は2日に1回、霧吹きで行っています。

ちょっとした
グリーンでも
癒しの空間に

アンティークの外灯カバーとも好相性

右からコットンキャンディ、イオナンタ、ブラキカウロス。階段の手すり下に置いて、朝から就寝前まで蛍光灯の光だけで元気に育っています。

エアプランツだけのリースも素敵（P.52）。固定させているので、リースにつけたまま、霧吹きで水分補給をします。

白い砂糖菓子のよう！

天井に取りつけたレールから、観葉植物のディスキディア・エメラルドを吊るしました。窓のない場所ですが、朝から就寝前までの蛍光灯の光だけで元気に育っています。洗面台にはキセログラフィカ（上）とイオナンタ（下）を。

イオナンタ（奥）とテクトルム（手前）をケーキ用のガラスドームの中に。多肉の形の陶器も合わせ、清涼感のある空間に。

銀葉が窓からの光に
輝いています

石鹸を入れているガラスケースにイオナンタ（右）とカブツメドーサ（左）も一緒に。

友人作のお気に入りの器に、
テクトルムをあしらいました。
まるで鉢植え植物のよう。

キッチンで手軽に

ハーブを育てて暮らしを豊かに

ハーブが一鉢あるだけで、周囲はグリーンカラーと香りに癒されます。
さらには料理にハーブティー、ハーブバスなど、楽しみがいっぱい。
手軽に育てて、うまく使いこなしてみましょう。

旺盛に育つハーブなら、思う存分、安心して使えます。

初心者は、目的に合ったハーブ選びを

暮らしの中に植物を取り入れたいと考えるとき、ハーブが選択肢として浮かぶ人も多いでしょう。スーパーで手軽に買えるようになったものの、そのつど買うことを考えると、家で育てながら、摘みたてを使うことにも憧れます。キッチンの手の届きやすいところに置いて癒しの空間にしたり、窓辺に飾ってインテリアの一部にしたりするのもよいでしょう。ガラスの器に活けると反射がとても美しいですね。小さな鉢をいくつかコンテナに並べても素敵です。摘んだハーブをかごに入れるだけでも室内に香りが広がります。

ハーブはいろいろと使い道がありますが、育てるハーブを選ぶときは、まず、目的をはっきりさせましょう。調理に使いたい、グリーンの一つとして葉の色や形を楽しみたい、ハーブティーを好きなだけ飲みたい、花も楽しみたいなどです。慣れてきたら、66～67ページでも紹介しているように、とことん使い切るのも、ハーブならではの醍醐味です。

初心者でも育てやすい

おすすめのハーブ

基本的にハーブは丈夫なものが多いのですが、室内でも育てやすいものを選ぶとよいでしょう。

日当たりが多少悪くても育ち、室内栽培に向いたタイプを

キッチンなどの室内で育てるなら、日当たりが多少悪くても育つものがおすすめです。その場合でも、ときには日当たりや風通しのよい場所に移動させましょう。シソ科の多年草なら丈夫で育てやすく収穫期が長いものが多いので、収穫しながら育てられます。ハーブの中には、生長力が旺盛で室内では手に負えなくなることも。育ち方のタイプには要注意です。

初めて育てる場合は、苗を購入するとよいでしょう。茎がしっかりしていて葉が多く、節と節の間が詰まっているもの、枯れ葉や病害虫のないものを選びます。購入前に何店か見て回っておくと、手入れの行き届いた店がわかります。育てることに慣れてきたら、こぼれ種で育てたり、花穂を少し残しておいて、自分で採種をするのも楽しいものです。

スプラウト類は少しずつ摘み取って料理に使いながら、再生させるのも楽しいもの。右は豆苗。グリーンインテリアの中になじんでいます。

タイム

肉料理やスープなどの香りづけでおなじみのハーブ。加熱しても香りは変わらず、ブーケガルニにも欠かせません。抗菌力もあるので料理の保存にも一役買います。

科・属名	シソ科イブキジャコウソウ属
原産地	ヨーロッパ南部
耐寒性	やや強い
耐暑性	やや強い
耐陰性	やや弱い

タイムは種類が多く、立ち性のもの、這うように広がる匍匐《ほふく》性のものがあるが、コモンタイムと呼ばれる立ち性で草丈の低い種類のものがキッチンでは育てやすい。高温多湿が苦手なため、風通しのよい場所で乾かし気味に育てるとよい。日当たりと水はけがよければ、どんどん生長するので、切り戻しを兼ねてまめに収穫する。ひき肉などに混ぜるなら葉だけ、煮込み料理なら枝ごと切り取って使う。一枝摘んで、洗って水気を取り、軽くもんでお弁当に入れれば抗菌にもなる。ハーブティーは花粉症やアレルギー性鼻炎の症状緩和や、疲労回復の助けになる。子宮収縮作用があるため、妊婦は使えない。

アップ

ミント

身近なハーブの一つです。清涼感がありスイーツやサラダなどの飾りつけのほか、料理、ハーブティー、入浴剤など幅広く使えます。育てやすく、ハーブ栽培初心者にもおすすめ。

科・属名	シソ科ハッカ属
原産地	北半球の温帯、アフリカ
耐寒性	強い
耐暑性	強い
耐陰性	普通

特徴

交配しやすいミントには多くの種類があるが、代表的なものはスペアミント、ペパーミント。品種によってやや異なるものの、向かい合って葉がついているのが特徴。春〜初夏に白〜薄紫色の花をつける。料理やデザートの飾りつけはもちろん、肉や魚料理の臭み消しにも役立つ。ハーブティーとしても親しまれているが、ミントだけで使うほか、くせの強いハーブティーを作るときに混ぜて使うと飲みやすくなる。フルーツ系の名前がついているものは、味わいもフルーティー。ミントティーは風邪の引き始めや食後の消化促進などに飲むだけでなく、日焼け後のほてりやアウトドアでの虫よけにも使える。

お世話のポイント

日当たりのよい場所を好むが、半日くらい日が当たるくらいの場所でも育つ。乾燥を嫌うので、土の表面が乾いたらたっぷりと水やりをする。特に夏の水切れには注意。ミントは繁殖力がとてもが高く、寄せ植えにするとミントばかりが広がってしまうので、できればミントだけの鉢で育てるのがおすすめ。基本的には、収穫しながら育てるが、葉が茂ってくると蒸れてしまうので、その場合は茎ごと刈り取る。株元から10cm程度残しておけば、そこからまた伸びてくる。夏〜秋に花が咲くが、開花すると風味が落ち、葉茎もかたくなるため、開花直前に収穫を。花は茎から切って、花びんに活けて楽しんでもよい。冬は地上部が枯れるので、地際で切り戻しておく。

アップルミント

パイナップルミント

ストロベリーミント

アップ

オレガノ

「ワイルドマジョラム」という別名を持ち、野性的な強い香りがあります。トマトやピザ、肉・魚料理によく使われるハーブです。フレッシュハーブよりドライにしたほうが香り高くなります。

科・属名	シソ科ハナハッカ属
原産地	地中海沿岸
耐寒性	強い
耐暑性	強い
耐陰性	普通

原産地である地中海周辺の料理のほか、メキシコ料理にもよく使われる。茎ごと切り取って料理に入れたり、オイルやビネガーに漬け込んで使ったりしてもよい。ハーブティーは消化促進作用や鎮痛の効果もあるといわれる。日当たりと風通しのよい場所で育てる。真夏は直射日光の当たらないところに移動させる。横に広がってこんもり茂るため、蒸れには注意。6月以降の開花直前がいちばん香りがよいので、収穫を兼ねて刈り取っておくとよい。使い切れないものは、香りが強いうちに乾燥させておくと便利。根茎がどんどん伸びてしまうので、鉢植えの場合は、毎年植え替える。

コモンセージ

チェリーセージ（観賞用）

ゴールデンセージ

セージの花は植えつけの翌年から咲き始める。黄色の斑入りはガーデニングの彩りにも。

セージ

葉の表面に産毛が生えていて、ベルベットのような手触り。ヨモギにも似た香りで、花も美しく、一鉢あるとその場が華やかになります。古くは「不老長寿のハーブ」ともいわれていました。

科・属名	シソ科サルビア属
原産地	地中海沿岸
耐寒性	普通
耐暑性	強い
耐陰性	普通

ソーセージにも使われているように、肉料理の臭みを消したり、脂っぽい料理をすっきり仕上げたりする効果がある。細かく刻んでバターと一緒に練った「セージバター」も広く使われている。属名の「サルビア」はラテン語の「救う」「癒す」に由来し、古代ローマ時代から消化促進、殺菌、鎮静、疲労回復などを助ける薬草として親しまれてきた。日当たり、風通しのよい場所で育てる。草丈が高くなるので、鉢植えの場合は、大きめの鉢に。土の表面が乾いたらたっぷり水やりをするが、多湿を嫌うため、梅雨どきは控えめに。葉はいつでも収穫できるので込み合わないように摘んでいくとよい。

ラベンダー

紫色の花と多くの人が知るさわやかな香りを持つ、ハーブの女王的存在。神経を落ち着かせ、リラックスさせる効果はもちろん、お菓子の香りづけやクラフトにも重宝します。

科・属名	シソ科ラベンダー属
原産地	地中海沿岸
耐寒性	品種によって異なる
耐暑性	弱い
耐陰性	品種によって異なる

古代ローマ時代から香りが利用されてきたが、イギリスでは17世紀ごろから虫よけや鎮静効果など、香り以外の作用があることも注目されて多くの家庭で使われている。品種は多数あり、いくつかの系統に分かれている。香りも少しずつ異なるが、効果はほぼ同じ。ただし、耐寒性・耐暑性には差があり、イングリッシュラベンダーは寒さには強いものの、関東以南の屋外では育てにくい。一方、デンタータラベンダー、スイートラベンダーは、耐寒性は弱いものの暑さには強い。イングリッシュラベンダーに似たラバンディン系のものは耐寒性・耐暑性ともに強い。居住地域に適した品種選びがカギになる。

ラベンダーの香りを楽しもう

ラベンダーの開花は、日本では梅雨どきです。
短期間でうまく乾燥させましょう。

香りが高いのは咲き始めのころ。茎の根元から切り取り、葉を除いて5～6本ずつ束ねる。

風通しのよいところに吊るして乾燥させる。ラベンダースティックやポプリに。

栃木県益子町のふくうらファームのラベンダー畑。

ローズマリー

すっきりとした香りには殺菌・抗酸化効果があるため、肉や魚の臭み消しに使われるほか、古くから老化予防の薬草としても使われています。常緑低木に分類されるので育てる場所に注意を。

科・属名	シソ科マンネンロウ属
原産地	地中海沿岸
耐寒性	強い
耐暑性	強い
耐陰性	やや強い

立ち性、匍匐《ほふく》性、中間タイプのものがあり、室内で育てるなら立ち性のものを選ぶ。春、初夏、秋に咲かせる青、白、ピンクの小花もかわいらしく、香りがよい。日当たり、風通しのよい場所でやや乾かし気味に育て、土が乾いてから水やりを。葉はいつでも収穫できる。下に少し葉茎を残しておけば、そこから再び伸びる。大きくなってきたら植え替えるか株分けなどが必要。フレッシュ(洗って水気を拭き取る)またはドライローズマリーをみじん切りにして100ccの精製水を沸騰させて火を止めたものに入れて10分蒸らし、濾した液を冷やして5mℓのグリセリンを入れると「ローズマリーウォーター」ができる。

バジル

丈夫で育てやすく、ハーブ初心者に最適です。摘みたての新鮮な香りを楽しめるのは自家栽培ならでは。種からでも簡単に育てられます。おなじみのジェノベーゼなど料理に大活躍。

科・属名	シソ科メボウキ属
原産地	インド、熱帯アジア
耐寒性	弱い
耐暑性	強い
耐陰性	やや弱い

本来は多年草だが、日本では冬越しが難しいため、一年草として扱われている。ハーブの中では高温を好むので、植えつけや種まきは暖かくなってから行う。日当たりのよいところで育てたものは香りが強くなるため、煮込み料理やハーブティーに、室内で育てたものはやわらかいので生で使うものにおすすめ。葉が茂ってきたら収穫できる。大きい葉から順に、葉のつけ根から摘み取って使う。6～7月に開花するが、花が咲ききると葉がかたくなるので、つぼみのうちに花穂は摘み取る。十分に伸びたところで、1度収穫を兼ねて株の半分くらいまで切り戻しを。秋に種を取りたい場合は、数穂残しておく。

アップ

レモンバーベナ

レモンに似た香りを持つハーブの中では、もっとも強い香りです。葉をハーブティーに使うほか、鶏・魚・野菜料理やデザートの香りづけにも。寒さに弱いので鉢植えがおすすめです。

科・属名	クマツヅラ科イワダレソウ属
産　地	南米
耐寒性	弱い
耐暑性	強い
耐陰性	やや弱い

レモン色の葉は香り高く、周囲を明るくする。冬には葉を落とすが、春になると新芽が出て葉をつける。ヒョロヒョロと伸びやすいので、苗が小さいうちに摘心（元の枝の先を切る）し、脇芽を多く出すと葉の収穫量も増える。乾燥を好むので、水やりは控えめにする。葉は生育中ならいつでも収穫できるが、6〜8月の花が咲き始める時期がもっとも香りが強い。この時期に収穫し、使い切れない分は乾燥させておくとよい。乾燥させても香りは失われにくい。葉には消化促進や鎮静効果があるといわれるが、長期間大量に摂取すると、胃を荒らすことがあるので注意する。

レモンバーム

シソに似た明るい黄緑色の葉が特徴。さわやかなレモンの香りがあり、料理やデザートの香りづけ、ハーブティー、入浴剤、ポプリなど幅広く使えます。

科・属名	シソ科コウスイハッカ属
産　地	ヨーロッパ南部、オーストラリア
耐寒性	強い
耐暑性	普通
耐陰性	普通

繁殖力が高く、地植えにすると広がりすぎるので適切な管理が必要。寒さにも暑さにも強いものの、直射日光では葉焼けを起こすこともある。初夏にかわいらしい花が咲くが、そのままにしておくと新芽が出にくくなるので、花茎は根元近くから切り取って花びんなどに活けておくとよい。種を取る場合は数穂残しておく。夏に収穫を兼ねて、株の半分程度まで切り戻しておくと、新芽が出て、再び収穫できる。乾燥させると香りが変化してしまうこともある。長期間収穫できるので、乾燥保存するより、できるだけフレッシュなものを使うとよい。葉にはリラックス、鎮静、抗菌効果があるといわれている。

イタリアンパセリ

野菜のパセリとは異なり、葉は平らです。香りは強いにもかかわらず、くせがないので、香りづけや彩りに最適。室内でも育てやすく、初心者の入門ハーブにも適しています。

科・属名	セリ科オランダゼリ属
原産地	地中海沿岸
耐寒性	強い
耐暑性	強い
耐陰性	強い

セリ科のハーブは移植を嫌うため、苗を購入するときはあまり大きく育っていないものを。根鉢をできるだけ崩さないようにして植えつける。乾燥には弱いので、土の表面が乾ききる前にたっぷり水やりを。葉が増えてきたら、外側の葉から使う分だけ収穫する。蒸れるととけるように腐るため、込みすぎる前に収穫し、風通しをよくしておく。屋外で育てる場合は、梅雨どきは軒下へ。花が咲くと葉がかたくなるので、つぼみのうちに切り取る。熱を加えても風味が変わりにくいので、煮込み料理やスープにもよい。ハーブティーにする場合は、乾燥させた葉を。消化促進などの効果があるといわれている。

花も楽しめるハーブ

葉だけでなく、花や実、種も使えるハーブがたくさんあります。少しずつ育ててみてもよいでしょう。

カモミール

リンゴのような甘い香りと、白い花が魅力。ハーブティーに使われるのはジャーマン種。ガーデニングや染色にはローマン種やダイヤーズ種が使われる。こぼれ種でもよくふえる。

ナスタチウム

和名は「キンレンカ」。赤や黄色のきれいな花を咲かせる。花、葉、実のすべてが食べられ、全体にピリッとした辛みがある。とても丈夫で育てやすい。枝垂れるので、ハンギングにしても。

フェンネル

羽のようにやわらかな葉や黄色い花がライムのような香りで、魚の臭み消しに多用される。花後にできる種には甘い香りとほろ苦さがあり、スパイスとして用いられる。葉や種をお茶に使う。

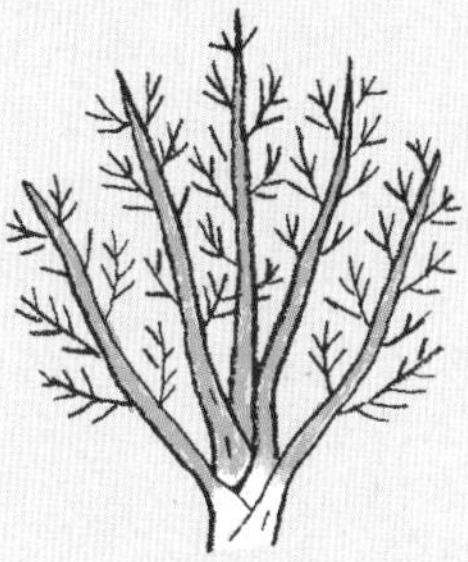

ボリジ

全体が白い毛に覆われ、星形の青い花も美しい。葉を刻んでサラダやスープに。花も食べられ、ガクを外して飾りつけに使ったり、飲み物に浮かべたりして使える。

最後まで使い切る！

ハーブの楽しみ方

ハーブの使いこなし方を、栃木県益子町でハーブ園を営んでいる、ふくうらファームの福浦さんにうかがいました。

育てながら無駄なく使い続けよう

ハーブ生活にも慣れてきたら、複数のハーブを育てながら収穫をして、ライフスタイルの幅を広げてみましょう。繁殖力旺盛で生長が早いハーブは、茂りすぎや蒸れを防ぐためにも、どんどんと摘み取っていくことが必要です。もちろん、摘みたては料理に使ったり、フレッシュハーブティーとして飲んだりと楽しめますが、消費が追いつかないようなら、傷まないうちに乾燥させておきましょう。フレッシュなものも、ハーブティーで使ったあとは、出がらしとしてそのまま捨ててしまうのはもったいない！　何度も何度も、私たちを楽しませ、役立ってくれます。以下に紹介するほか、オイルに漬けたり、化粧水などにも利用できます。

1 まずはハーブティーを

数種類をブレンドして

自分で育てれば、摘みたてのフレッシュハーブティーを味わうことができます。

フレッシュハーブティーは、1種類だけでもおいしいですが、数種類のものをブレンドすると、さらにコクが出て味わい深いものとなります。ハーブを複数育てるようになったら、あれこれ試しながら自分の好みの味を見つけてみましょう。ポットにハーブを入れてお湯を注いだら5～6分蒸らしてから熱いうちに飲みましょう。摘みたてのハーブなら、3煎目くらいまで楽しめます。

② 次は葉を乾かして、ポプリに
サシェにして枕元へ！

飲み終えたハーブティーのハーブを乾かして再利用しましょう。

ハーブティーを飲み終えたら、ハーブを捨ててはいませんか？まだまだ使えますよ。よく乾かしてポプリにしてみましょう。茎ごと使ったものは風通しのよい場所に吊るして、葉だけ使ったときはザルなどに広げて自然乾燥させます。完全に乾いたら好みの容器に入れて飾ります。布に包んでサシェにしても。このとき、新しいハーブを少し混ぜるとリフレッシュします。

失敗しない乾かし方

エアコンの近くに吊るす

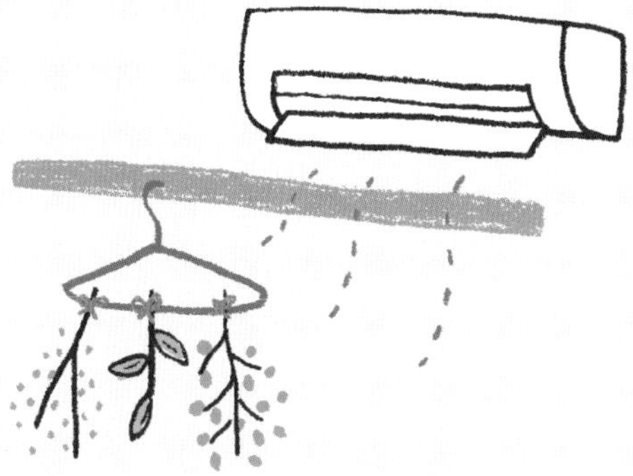

福浦さんおすすめのドライ方法は、エアコンの近くに吊るすこと。ひもで束ねたハーブをハンガーなどに結び、エアコンの風が適度に当たるところに吊るしておきます。微風が手早くハーブをドライにしてくれます。

③ まだまだ捨てない！
お風呂に入れてハーブバスに

ポプリの役目がそろそろ終わってきたなと感じたら、今度はハーブバスにしてみます。

使っていたポプリは布袋ごと浴槽へ。体がポカポカと温まります。カモミール、ラベンダー、タイム、セージ、ローズマリー、ミント、レモンバームなどがおすすめです。このときも、少しだけ新しいハーブを加えると、香りもそれぞれが持つ効果もアップします。フレッシュハーブを大量に使うとバスタブに色がつくこともありますが、これなら安心して使えます。

④ 最後はハーブの肥料に
乾燥させて土に混ぜる

いよいよこれで使い納めです。最後までフルに使い切りましょう。

お風呂に入れたハーブは、さすがにもう香りも薬効も望めません。最後は、使ったハーブを再び乾燥させます。新聞紙などに広げて完全に乾燥したら、土とよく混ぜ合わせます。そう、堆肥として利用するのです。ハーブを育てる土に混ぜれば、ぐるぐるとハーブが循環していきますね。これだけ使ってもらえれば、ハーブも本望なのではないでしょうか。

球根で室内を華やかに

球根植物は短期間に芽を伸ばし、花を咲かせる興味深いものです。室内でも育てやすく、居ながらにしてその変化が楽しめます。鮮やかな花も多く、室内も華やかに。

寒さを経験しないと美しい花が咲かない

球根植物というと、子どものころにヒヤシンスの水栽培をして以来、という人も多いかもしれません。今はヒヤシンスといってもニュアンスのある品種も多くなり、クリアなガラスに入れて、球根から花までをアート作品のように美しく見せることができると、人気急上昇中です。

球根植物は、芽や根を伸ばし花を咲かせるための養分をもともと持っているので、管理の難しいものではありません。ただし、気をつけたいことが2つあります。一つは、秋植えの球根の場合、必ず寒さを体験させる必要があること。寒さを経ないと花芽がうまく生育しません。暖かい時期に購入したものは、涼しいところで管理し、植えつけて芽が出るまでは暖かい室内は厳禁です。もう一つが、球根にカビをはやさないこと。植えつける前も植えつけてからも、注意しましょう。これで、色とりどりの花や美しい姿を室内でも楽しむことができます。

土で育てる場合は、表面を市販されているコケ類で覆っておくと、緑が美しく映えます。

水も土もいらない

球根で花を楽しもう

夏に出回るサフランやコルチカムは置いておくだけで開花します。温度管理も水・土も必要ないので、好きな場所で観賞しましょう。

サフランの花が咲いたところ。雌しべは乾燥させて料理に使えます。

芽が出てきたら なるべく日当たりのよい場所へ

水も土も使わずに花を咲かせてしまうほどの養分があの中に蓄えられているのかと思うと、改めて球根の力強さを感じさせられます。球根さえ傷んでいなければ、そのまま置いておくだけでOK。まるで雑貨のように、好きなところで好きなように楽しめますが、芽が出てきたあとはなるべく日当たりのよい場所に置いたほうが、花色が美しくなります。日が当たりにくいところに置いておくと、白っぽい花になります。

コルチカム

地中海沿岸が原産のコルチカムは別名「イヌサフラン」と呼ばれています。サフランとついていますが、サフランとは別種です。室内の好きなところで花を咲かせたあとは土に植えつけておくと、葉が出てきますが、初夏には一度枯れて休眠状態になります。葉がある間に液肥を与えておくと球根が肥大し、秋になると再び花茎が伸びて、花をつけます。休眠中は風通しのよいところに鉢を置きます。ぜひ、翌年も花を楽しんでみましょう。

花が終わったら

1

花が枯れたあとの球根。開花にエネルギーを使い、球根が最初よりしぼんでいます。

↓

2

花柄と花茎を根元でカットします。

↓

3

鉢に培養土を入れ、球根を植え、隠れるくらいまで土をかけます。

↓

4

2～3カ月たつと芽が出てきます。初夏に1度枯れたあと、秋に再び花茎が伸びてきて、開花します。

そのまま置いておくだけ!

1 コルチカムの球根をトレイなどに並べます。向きは気にしなくても大丈夫です。

↓

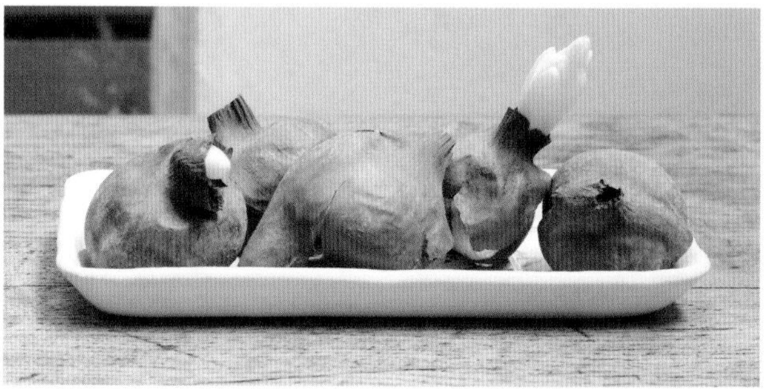

2 1カ月くらいたつと、芽が出始めます。

↓

サフラン

クロッカスの一種で、ギリシャ周辺に自生していたものの選抜種とされています。もともと薬用、染料、香料として栽培されていました。コルチカム同様、花後に葉が伸び、初夏に地上部は枯れて休眠します。サフランの雌しべは１輪から３本しか採取できないため、世界一高価な香辛料といわれています。

1

サフランの球根を用意します。

↓

2

約2カ月で開花します。料理に使われる赤い雌しべを採取するときは、開花後すぐに行い、十分に乾燥させます。

↓

3

花後は葉が出始めるので、鉢に植えつけるとよいでしょう。

↓

4

鉢に培養土を入れ、その上に球根を並べ置き、球根が隠れるくらい培養土をかけます。定期的に液肥を与え、翌年の開花のために球根を太らせます。

目の前で生長を楽しめる

水栽培で育ててみよう

秋に出回るスイセン、ムスカリ、クロッカス、ヒヤシンスは水栽培でも楽しめます。室内で一足早く春を楽しんでみましょう。

芽が出てきたら室内に移して楽しむ

球根植物の水栽培は、土を使わないために清潔で、見ても美しく、植物全体の生長を目の当たりにできます。器選びも楽しいものです。水栽培に適した球根は9月ごろから店頭に並び始めますが、植えつけは気温が低くなる11月ごろに行います。早めに入手したら植えつけまでの間、ポリ袋からは取り出して、ネットに入れたり新聞紙などに包んだりして、日の当たらない冷暗所や冷蔵庫の野菜室に保管しておきましょう。水栽培を始めてから最低2カ月くらいたったら、軒下や玄関などの暖房が効いていない涼しいところに置き、芽が出てきたら暖かい室内に移して観賞しながら育てましょう。

後列左から、ヒヤシンス、ヒヤシンス、スイセン。前列左からクロッカス、クロッカス、ムスカリ。水栽培のものと土での栽培のものを混ぜて飾ってもよい。

時間差で花が咲くように仕込んでおくと、長く花が楽しめます。

球根の保管

購入後は、入っていたポリ袋などからは出し、植えつけるまで風通しのよい涼しいところに置いておきます。適切な場所がなければ、新聞紙などに包んで冷蔵庫の野菜室に保管をするとよいでしょう。

器を用意する

器は何でもOKですが、水栽培の醍醐味を味わうなら透明のものがよいでしょう。球根を支えられる口径のものを用意します。球根をのせるくぼみがある水栽培用の器はもちろんのこと、ふだん使っている食器でも。

失敗しないコツ

水耕栽培のときの水の位置は、根が出るまでは球根の尻がわずかにつかる高さまでにします。球根をひっくり返してみると尻の部分がよくわかります。これよりも水量が多くなると、水につかった部分が腐ったり、カビが生えたりします。ギリギリの水位にすることによって、根が水を求めて伸びようとする助けにもなります。

こんなときは…

球根の直径よりも口径の広い器を使う場合は、球根の四方につまようじを刺して、器の縁にのるようにします。刺す位置は特に気にする必要はありません。こうすれば、球根が支えられます。このほか、木の枝をカットして、口径よりもやや小さな三角形を作って球根をのせても。

知っておきたい材料

水だけで育てるほか、水と礫材《れきざい》で行う栽培法もあります。礫とは小さい石のこと。普通の土を使う場合と比べて菌の繁殖が抑えられ、排水性もよくなります。上の写真の右奥は大粒の発泡煉石で、ハイドロカルチャーにも使われるもの。左奥は鹿沼土。このほか砂利や、鉢底石として売られている軽石などを使ってもよいでしょう。手前は根腐れ防止剤。水が腐る原因となる物質を吸着します。珪酸塩白土やゼオライトが市販されています。

ヒヤシンス

球根植物の水栽培をするときの代表種。花や葉の色や形態はさまざまな品種が出ています。購入時によく確認しておきましょう。

→

→

1 球根を用意します。栽培開始は11月に入ってから。それまでは日の当たらない涼しいところに。

2 球根の尻がわずかに水につかる位置まで水を入れ、球根をセッティングします。2～3日に1度水替えを。

3 根が伸びてきたら、水位を2～3cm下げ、根の根元が空気に触れるようにします。

クロッカス

春の訪れを告げる花。白・黄・青・紫の花を咲かせます。鉢植えにするときは、水切れに注意しましょう。

1 器に大粒の発泡煉石を入れ、クロッカスの球根を並べます。

→

2 球根が埋まるくらいまで、発泡煉石をかけます。

→

3 1カ月半～2カ月くらいで芽が出てきます。

小さくて華奢。球根植物の中ではかわいらしい存在です

「こんなふうに芽が伸びるんだ！」「つぼみはこんな形をしていたのか」など、室内で育てると小さな変化も目に留まり、新しい発見がいっぱいです

ムスカリ

粒状の花であることから「グレープヒヤシンス」とも呼ばれます。白・黄・青・紫・ピンクのほか、グラデーション種も。

長く伸びる茎を生かして高い位置で見せるのも。

並べて植えると群生感が出ます。

スイセン

庭植えをすることの多いスイセンも、水栽培ができます。長く伸びる葉は室内では、とてもダイナミックに感じます。

写真は発泡煉石で栽培したもの。室内では高さ、幅とも広い空間を用意し、伸び伸びと育てましょう。

小さな鉢に小さな花を

1種類ずつ別の鉢に植えて、さまざまな花を集める空間を作るのも楽しいもの。小さい球根は鉢も小さいもので、大きい球根は鉢も大きいものを用意しましょう。

(1) チューリップ“ヒルデ”
(2) チューリップ“ポリクロマ”
(3) イエイオン“ホワイトスター”
(4) スノーフレーク
(5) ムスカリ“アズレウム”
(6)(7)(9) ヒヤシンス
(8) ムスカリ“アルメニアカム”
(10) スイセン“ペーパーホワイト”
(11) スイセン“プレゴージャス”

2章

小さな庭やベランダを豊かに美しく

家から一歩外へ。太陽を浴びながら植物と過ごす時間も大切です。
暮らしがもっと楽しくなるグリーンとの過ごし方をBROCANTEの松田さんに教えてもらいました。

飾って、食べる！

ポタジェガーデン

Potager Garden

わずかなスペースで野菜の収穫も花の観賞もできるポタジェ。
植物を少しずつ入れ替えながら、長く楽しみましょう。

アンティークのベビーバスが、愛らしいポタジェガーデンに。サラダナ、ロメインレタス、チコリ、チャイブ、ネギ、茎ブロッコリーなどの野菜に、バジル、イタリアンパセリなどのハーブが植えられています。ボリジ(P.65)はハーブでありながら、青い花が美しくガーデンを彩ります。手前には垂れ下がって育つ植物を入れ、そばにある鉢のグリーンともつながりを持たせています。少しずつ収穫すると、そこからまた葉が増えていくのが日々の楽しみに。花は少しだけ残しておくと、こぼれ種で増えていきます。

食べても見ても楽しめる ほかにもメリットがいっぱい

中世の時代からフランスでは、野菜、ハーブ、花を混植して、食べることも見ることも1度に満足できる庭づくり「ポタジェ」を行ってきました。日本では野菜は野菜、花は花と分けがちですが、限られたスペースであるならなおさらのこと、この素晴らしい文化を取り入れたいものです。

実はこの方法、メリットもたくさんあります。多種類の植物が入っていることで、病気や虫の被害を抑えられ、土の栄養の偏りが生じにくいことで連作障害も防げます。野菜のグリーンは、花と合わせることで、単体で植えているときよりもぐっと引き立ちます。春植えの場合は夏にかけて収穫期間が長い果菜類を入れ、株元には花期が長い花物を選ぶとよいでしょう。秋植えの場合は、葉物野菜との組み合わせがおすすめ。寒くなるので虫がつきにくく、収穫が長く楽しめます。

木枠で囲ったポタジェガーデン（P.83 ～）。

赤地家のポタジェガーデン。鉢代わりにしているのはアンティークのベビーバス。

ベランダでもOK

収穫したら、
また新たな苗を!

ベランダには
やさしい表情の柳プランターで

庭がなくてもベランダでポタジェガーデンを楽しんでみましょう。
柳のプランターはやさしい雰囲気でおすすめです。
もちろん、一般的なプランターのほか、木製のワイン箱などを使っても。

用意するもの

土がこぼれる場合は内側に不織布を使う

一般のプランターを使う場合は、プランターと鉢底石を用意しましょう。ここではすき間の大きい柳製のプランターを使用するので、土がこぼれ落ちないように、内側に不織布を敷いて使います。

手軽に育てるなら培養土を

ホームセンターなどで一般に売られている培養土で育てられます。自分で土を配合するときは、赤玉土と腐葉土を7：3の割合で混ぜたものに堆肥を混ぜ合わせるとよいでしょう。

たくさん収穫するために肥料を

植え込み時はゆっくり効く緩効性の肥料を使います（元肥）。野菜用の培養土を使う場合は、肥料が入っていることが多いので、確認しましょう。

植え方

1

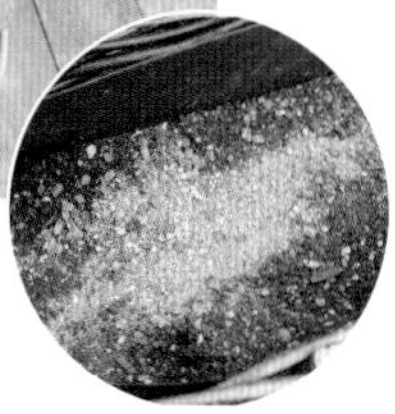

プランターの内側に不織布を敷き、土をプランターの高さの 2 割程度入れ、元肥用の緩効性肥料をまきます。不織布は排水性がよいので、鉢底石は不要です。

2

①の上にさらにプランターの高さの 7 割程度まで、土を入れます。

3

全体のバランスを見ながら、ポリポットのまま苗を仮置きします。葉物野菜やイチゴは収穫しやすいよう、手前に置きます。野菜は生長が早いので、十分間隔をあけておきます。

4

苗をポリポットから出して土の上に置き、残りの土をかけて植えつけます。苗と苗との間隔があいていて土の部分が多く見え寂しいようですが、苗はすぐに大きくなって土は見えなくなってしまいます。

5

花を楽しめるマリーゴールドは「コンパニオンプランツ」といって、野菜と一緒に植えると虫よけ効果を発揮してくれます。花が終わったダリアなどは植え替えて、4カ月後にはレタスやイチゴが大きく生長しました。

お世話も
収穫もしやすい！

木枠で囲って土を入れるだけ

庭がある場合は、植え枡《ます》（レイズドベッド）を作って、そこをポタジェガーデンにしてみましょう。畑を作って植えるよりも、管理も収穫も楽です。

ベランダでのプランター栽培に比べてたくさん植えられます。上方へのスペースも確保しやすいので、支柱を立てて、マメ類などのつる性野菜も植えられます。使う分だけ少しずつ収穫しながら育てましょう。仕切られた範囲で生長するので、広がりすぎず、雑草取りなどの作業もほとんど必要ありません。同じ葉物野菜でも、葉色の異なるもの、花の美しいものを選ぶと、より楽しいポタジェガーデンになります。

用意するもの

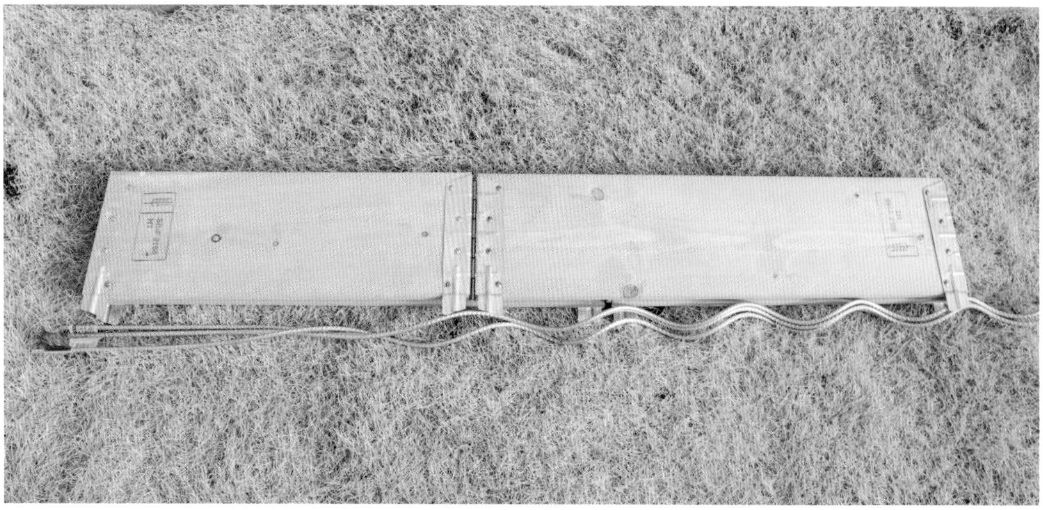
レイズドヘッド／BROCANTE（※支柱は含まない）

込み合ってきたら間引きを兼ねた収穫を

植え込みスペースにゆとりがあるので、上に伸びるつる性のものを組み合わせるのがおすすめ。セージやタイムのような多年性のものも入れておくと、葉物が終わってしまったあとも使えます。込み入ってきたら間引きを兼ねて株ごと収穫することも想定し、株数はやや多めに入れておきます。

植え方

1

庭の土面に植え枡を組み立てます。市販の菜園枠のほか、4枚の板をビスで固定してもOK。芝生がある場合、内側の芝生を剥がしておきます。根菜類を植える場合は、さらに30～40cm掘って耕し、石を取り除きます。

2

囲いの中に緩効性肥料をまき、その上に土を入れます。培養土を使用するほか、赤玉土と腐葉土を7:3の割合で混ぜたものに堆肥を混ぜ込んでも。肥料が直接、根に接しないように注意しましょう。

3

苗をポリポットのまま仮置きします。収穫頻度が高い葉物野菜は手前に、花とつる性野菜は奥側にレイアウトします。

4

苗をポリポットから出して上から土をかけて植えつけます。植えつけ時は株間があいて寂しげですが、すぐに生長してにぎやかになります。

5

苗をすべて植えつけたら、奥につる性野菜用の支柱を立てます。風でも倒れないように円錐形にするとよいでしょう。立体的にも楽しめるポタジェガーデンの完成です。

並べて楽しむ

常緑植物の寄せ鉢で緑あふれる世界に

Yose hachi

季節を問わず葉を観賞できる常緑植物で緑あふれる空間を作りましょう。5つのテーマでBROCANTEの松田さんにアドバイスいただきました。

環境に合わせた植物選びを

まずは寄せ鉢を置きたい場所の日照条件や温度がどの程度になるかを確かめ、それに合わせた植物をセレクトすることが大切です。方角だけでなく、季節による違い、隣接する建物との距離によっても日なた、半日陰、日陰のどれに当てはまるかが変わってきます。軒下は寒さに弱い植物などには適していますが、雨がかからず病気や虫がつきやすくなるため、生長期は葉にも水をかけてあげるとよいでしょう。苗を購入したときは、鉢の中で根がいっぱいになっていることがほとんど。大きな鉢に植え替えることで水持ちのよい状態を保つことができ、根の生育も促されます。鉢を複数置く場合は、鉢のデザインを統一したり、質感やスタイルを合わせたりすると全体がまとまります。

テーマ1 半日陰の窓辺に

明るい葉を組み合わせ 窓辺の目隠しになる常緑を

暗くなりがちなスペースでも、明るい葉色ややわらかいフォルムのグリーンで彩ることで、さわやかな印象に。外からの目隠しになり、室内からは窓越しの緑を楽しめます。

ピットスポルム・シルバーシーン

花材としても人気があるピットスポルム。日本のトベラの仲間で矮性のタイプや斑入り品種など多数。黒紫色の小さい花が咲く。ニュージーランド原産の低木で現地では2～3mになっている。葉があまり密にならないので、ボリュームがあっても軽い印象。生長はやや遅く、放任しても暴れずまとまっているのであまり手がかからない。

ピスタチア

食用のピスタチオは落葉樹だが、同じ仲間の常緑低木。地中海沿岸、中央アジア原産。幹から取り出した樹液はマスティックと呼ばれ、乾燥させて天然のチューインガムとして古くから活用されており、歯周病や虫歯の予防効果も実証されている。日なたから日陰まで場所を選ばず、耐潮性もあり非常に優秀な低木。

イリシウム・オーレア

シキミの仲間の黄葉種で幹は朱を帯びる。湿り気のある肥沃な土を好み、生長は緩やか。日差しが強いと葉が焼けてしまうので、建物の北側や東側、半日陰がおすすめ。濃い緑の植物と組み合わせるとアクセントになる。海外ではイエローアニスツリーとも呼ばれ、香辛料のスターアニス（八角）は仲間のトウシキミの果実を乾燥させたもの。

アスパラガス・スプレンゲリー

和名はスギノハカズラ。インドアグリーンとしても取り入れられるが、耐寒性が比較的あるため関東南部以西なら外でも。根が肥大し貯蔵根となり、乾燥にも強く丈夫。下垂する性質があるので、高さのある場所に置くのがおすすめ。日が強いと色が薄くなるので、半日陰で軒下のような場所がベスト。株が充実すると花が咲き赤い実もなる。

シロナンテン

南天といえば赤い実と赤い葉を連想するが、葉が緑色で白い実のなるタイプ。近年、銅葉種や黄葉種も出回っている。排水がよい用土を好み、日なたはもちろん日陰でも生育し、強健で目立った病気も虫もつかない。日本だと和風のイメージだが、耐寒性があるためフランスでもよく鉢植えで栽培されている。

テーマ2 日陰のスペースに

過酷な条件でも花やグリーンを楽しめるセレクトを

日が当たらないからとあきらめてしまっているスペースはありませんか？ 日陰でも育つ頼もしい植物はたくさんあります。葉の組み合わせのほか、花や実も楽しめます。

シルクジャスミン

ゲッキツとも呼ばれ、昔から観葉植物として流通している。寒さにやや弱いが関東南部以西なら外でも。冬に寒風が当たらないところや軒下が望ましい。耐陰性が強いが葉が小さく軽やかな印象。条件が揃えば枝先にミカンの花に似た香りのよい白い花が咲き、その後実をつける。幼木は枝がやわらかくしなるので幹がしっかりしたものを。

ナギイカダ

地中海から黒海沿岸に分布。耐陰性と乾燥に対する強さは群を抜き、軒下の暗い過酷な環境でも生育してくれる。葉先が針状になっているため、扱いには注意が必要だが、防犯目的としても活用できる。雌雄異株で雌株には葉の中央に花が咲き、赤い実がつく。あまり類を見ない独特の濃緑葉なので、組み合わせの一つとして取り入れても。

カレックス・エベレスト

全世界に2000種ほどあるスゲの仲間で、ブロンズ種、黄葉種など園芸種も多数ある。本種は耐寒性、耐陰性ともに強く、丈夫でとても育てやすい。生長してもラウンド状に広がるためローメンテナンス。ただし、根詰まりすると葉が傷むので、鉢植えの場合は定期的な株分けを行うとよい。高さのある鉢に植えて垂らしても。

オニヤブソテツ

日本全土に分布しており、雑草として見られる。家と家との間が狭く、まったく日の当たらない場所でも自生している。近種のヤブソテツは葉が薄く、表面の光沢が薄いか、ない。葉の裏に胞子嚢があるために嫌悪感を示す人も少なくないが、環境に対する適応能力はかなりのものなので、過酷な条件下ではおすすめ。

ストロビランテス・ブルネッティ

インド原産の園芸種。熱帯性なので寒さに弱く、冬季は寒風に当たると傷むが、関東南部以西では路地植えでも生育している。鉢栽培にも向いており、花はつきにくくなるが、かなりの日陰でも生育する。気温が下がる秋〜春は、葉全体が黒みを帯びた紫色になり美しい。日照条件がよい場所なら春に薄紫色のかわいらしい花をつける。

テーマ3　日当たりのよいところに

屋上やベランダでもOK 個性的なフォルムを楽しんで

日が当たりすぎるけれど、水やりをしにくいスペースもあることでしょう。そんなところでは、乾燥に強く、一鉢でもオブジェのように印象的なシーンを作ってくれるクールな植物がおすすめです。

アガベ・アメリカーナ

アオノリュウゼツランとも呼ばれる。耐寒性が強く関東南部以西では地植えもできるが巨大になるので、狭い場所なら鉢植えが向いている。日光を好み、雨の当たるところなら水やりは不要。40～50年に1度開花し、その株は枯死する。本種はプルケという発酵酒の原料となり、蒸留酒のテキーラの原料になるのは「テキラナ」という別種。

アガベ・マクロアカンサ

自生地では直径50～60cmほどになる中型のタイプ。生長すると葉数が多くなり灰青緑色の葉が密になり美しい。アガベの中ではやや寒さに弱く、霜に当たると葉が傷む。鉢栽培の場合は生長も遅い。アガベは全般に好日性で、日当たりが悪いと生育が悪くなり、葉色や形など本来のよさが見られなくなる。

ブラヘア・アルマータ

灰青緑の葉色が美しく、メキシカンブルーパームとも呼ばれる。半日陰から日なたまで適し、耐寒性もあり、関東南部以西は地植えでも。乾燥にも強く丈夫だが、過度の水不足になると葉が傷むので注意が必要。ヤシ類全般に乾燥に強いものが多く、シュロ類やチャメロプスなども鉢植えに向いている。

ヘスペラロエ・パルビフローラ

アロエに似た植物であることから名づけられた。アガベと同じリュウゼツラン科の植物で、乾燥に非常に強く、耐寒性、耐暑性もある。丈夫でほとんど手がかからないので、忙しい人にもおすすめ。多肉質だが葉が細くやわらかく、グラス類的な特徴も持ち合わせるので使いやすい。初夏に株元から立ち上がる赤い花も楽しめる。

ずっと楽しめるエバーグリーン。花も実も葉色も欲張ってしまおう

常緑の植物は手間がかからなくても、花や実、葉色の楽しみは少ないというイメージです。でも、そんなことはありません。楽にあれこれ欲張ったスペースを作ってみませんか？

ツリージャーマンダー

南ヨーロッパ原産の低木。耐寒性もあり丈夫で育てやすい。銀緑色の細かい葉で生長は遅いが萌芽力が強い。初夏から青紫色の花を咲かせる。1～2年に1回は鉢から出し、根を整理するとよい。

レモン・ピンクレモネード

1本でも実をつけるため、観賞と実用を兼ね備える。寒さに弱く、厳寒期は寒風の当たらない暖かな場所に移動する。写真は斑入り種で、実の表面にも縞模様が入り果実もピンク色を帯びている。

アカシア・ブリスベーンワトル

耐霜性があり、春に黄色いやさしい香りのする花が咲く。アカシアは生長が早いが鉢植えなら大きさも抑えられる。ただし、根詰まりするので2～3年に1回は根を整理して土を入れ替えるとよい。

ウエストリンギア

葉の形状がローズマリーに似ているがやや灰色を帯びており、やわらかい印象なため近年人気がある。花期も長い。鉢ならこんもりと茂り、目立った病虫害もなく育てやすいが、水切れに注意。

ディエテス

常緑性のアヤメ。耐寒性があり、関東南部以西では路地植えも可能。初夏に開花し草丈が50～60cmの白花種や、1mほどになる黄花のビコロルという品種が流通する。比較的乾燥にも強く、強健。

グレビレア・ロズマリニフォリア・ルテア

グレビレアの中でも特に耐寒性が強く、耐潮性もある。花数は少なくなるが半日陰でも生育する。春先から白みを帯びた黄緑色の花が咲き、強く刈込むこともできるが放任すると2m以上にもなる。

グレビレア・センパフローレンス

やや小さめのアプリコットピンクの花が春先から咲き、枝先がやや枝垂れやわらかい印象。花弁の根元は甘く、野鳥の蜜源に。グレビレア全般に水が切れると一気に枯れ込むので注意する。

ユーフォルビア・ウルフェニー

乾燥した場所を好むので、風通しのよいところに。軒下も比較的よい状態を保てる。耐寒性もあり、花は少なくなるが半日陰でも生育する。葉や枝を切ると出る乳液でかぶれることもある。

スタイルやイメージを大切にした空間。個性的な植物で演出を

スタイルやイメージを前面に出した空間を作りたいというときは、葉の形やフォルムなど個性的な植物を取り入れるとよいでしょう。「エキゾチック」をテーマに植物を選びました。

▶ タマシダ

世界の熱帯から亜熱帯に分布。日本にも自生しており、寒さにも比較的強い。日なたから半日陰まで元気に育つが、日差しが強い場所よりも半日陰の場所のほうが、葉がきれいに保たれる。日陰の場合、葉の長さも１ｍ近くは伸びるので吊り鉢で楽しんでもよい。近種に枝垂れタイプもある。地植えにすると匍匐枝で広がり、旺盛に繁殖する。

▶ ゲットウ

熱帯性だが都内でも路地植えで越冬するので、ある程度の耐寒性はある。葉が焼けてしまうので直射日光は避け、半日陰がよい。茎を切ると独特なさわやかな香りがあり、葉の成分はアロマとして、また近種の実や根は古くから薬用として活用されている。コントラストがきれいな白や黄色の斑入り種もある。条件が揃えば白い花も咲く。

▶ ディクソニア

オーストラリアやニュージーランドに分布するシダ。大きく広がる葉が美しく、耐寒性のある木立性のシダとして人気がある。関東南部以西では地植えでも生育するが、0℃を下回ると葉が傷む。直射日光に当たると葉が焼けてしまうので半日陰で育て、生育期は葉のつけ根からしっかり水を与える。

▶ アジアンタム

日本ではホウライシダとも呼ばれ、九州や四国にも自生している。熱帯性なので寒さには弱く、葉が薄く華奢なので弱い印象があるが、関東南部では野生化しているほど性質は強い。直射日光が当たると葉焼けをするので半日陰で管理を。乾燥にも弱いので、水を切らさないようにすることがポイント。

▶ メリアンサス

南アフリカやオーストラリア、ニュージーランドに分布する低木。灰青緑の特徴的な葉が美しい。耐寒性はあるが、寒さで葉が傷んだ場合は、根元で刈り込むと春にきれいな新しい葉が出てくる。春先に長さ 30 〜 40cm にもなる赤黒い大型の花が咲いて蜜源にもなっているが、全草に毒性があるので、小さな子どもやペットには注意を。

豊かなグリーンライフ

果樹のある庭

Fruit tree

育てる喜び、愛でる喜び、収穫の喜びと、いくつもの楽しみのある果樹栽培。
小さな庭やベランダでも始められます。

手軽に育てられる果樹を省スペースで

果樹を育てるというと、月日がかかりそう、大変そうというイメージがあり、ハードルが高いかもしれません。でも、手軽に育てられる果樹もあります。小さな庭なら立体的に育てたり、ベランダやテラスしかなければ鉢植えで育てたりするのに適した果樹を選べばよいのです。果樹の多くは実がグリーンに映える色をしていて、庭やベランダ、テラスの彩りにもなります。

虫とは共存するつもりで無農薬の果樹を

果樹はほかのグリーンに比べて虫がついたり病気になったりしやすい傾向にあります。とはいえ、売り物にするわけではないので、多少の被害とは共存するつもりで神経質にならずに育てたいもの。農薬を使わずに育てるからこそ、安心して丸ごと味わえます。鉢植えの場合は、できるだけ大きな鉢で育てるとよいでしょう。よい実をならせるには、その分の土が必要です。次のページから紹介する果樹は、どれも初心者にも育てやすく、庭やベランダ、テラスの景色をよりよくしてくれるものばかりです。

ブドウの大きな葉は目隠しやグリーン演出に大活躍

ブドウは葉が大きく、色もきれいで、グリーンとしても優秀。粒ぞろいの実にするには手間をかける必要はあるものの、自宅で楽しむ分には、小さな粒を取り除くくらいでも大丈夫です。

塀にも

ブドウは必ずしも専用棚が必要なわけではありません。写真のように、塀に這わせて育てても房状の実がなります。このまま手をかけずともおいしく食べられます。

棚にも

パーゴラにワイヤーを張って、ブドウ棚にしたもの。今では大粒の実をつけるように。「実がつき始めると世話が楽しくなり、細かな手間が苦にならなくなった」とはこの家のご主人。

柱にも

テラスの柱に這わせた例。上まで達したら、今度は軒下を這うように伸びています。これがしっかり広がったころには実もつけ始めるはず。

いろいろなベリー

這わせてもよし、花や実もかわいいおすすめの果樹

小さなスペースでも十分育てられ、実がつくまでの時間も短いベリー類は家庭果樹にぴったり。ほかの果樹よりも病害虫に強く、収穫しやすいのも魅力です。

ボイセンベリー

キイチゴの仲間で、ブラックベリーとラズベリーの交配種といわれる。見た目はブラックベリーのようで、やや酸味が強いです。日本ではまだ多く流通していませんが、インターネットで苗が購入できます。丈夫で育てやすく、収穫量も多いので一株でも楽しめます。根が地下深くでどんどん伸びて広がるため、周囲に侵食されたくない植物があるなら、鉢植えの株を這わせていくとよいでしょう。

ブルーベリー

最初のベリー栽培にもおすすめです。庭で育てれば枝を大きく広げ、実も多く収穫できます。鉢で育てても実つきはよく毎年おいしい実を味わえます。小さな白いベル状の花がかわいらしく、秋の紅葉も見事。落葉樹ならではの春の若葉から始まり、季節の移り変わりを楽しむことができる果樹です。鉢植えは特にピートモスを土に多く混ぜると、育ちがよくなります。

ブラックベリー

北アメリカ原産ながら日本の気候に合っていて、暑さ・寒さにも強く、手をかけなくてもよく育ちます。生長力が旺盛なので、スペースさえあればどんどん大きくなります。這うように伸びるタイプと真上に伸びやすいタイプがあるので、育てる場所に合わせて品種を選ぶとよいでしょう。

イチジク

ベランダや小さな庭で鉢でも楽しめる

「葉1枚で一つ実がつく」といわれるほど、多くの実が収穫できるイチジク。鉢植えでもたくさんの実が収穫できるのが魅力です。

イチジク

植えつけ後、早ければその年から実を収穫できます。市販のイチジクは早どりしたものなので、自宅で育てれば完熟果が味わえます。鉢植えでより多くの実を収穫したいときは、できるだけ大きな鉢で植えましょう。

塀や壁をグリーンで覆う

つる性植物を活用しよう

Crawling plants

つる性の植物は、その伸びる力であたりをグリーンに変えてくれます。
性質を生かしてうまく利用しましょう。

省スペースで育てられ上に伸びると日が当たる

つるで伸びる植物のよいところは、省スペースで育てられること。株元は多少日当たりが悪くても、上に伸びるにしたがって太陽の光を受けられるようになります。条件が揃わずに庭に植物を植えるのをあきらめているのなら、ぜひ取り入れてみましょう。

伸びる性質を確かめて適した場所で育てる

つる性の植物と一口にいっても、いろいろなタイプがあります。植物が自ら吸着しながらどんどん伸びていくタイプもあれば、人の手による誘引が必要なタイプもあります。自ら伸びていくタイプの多くは、吸着根といって吸盤のような根を出して、壁などに張りついて上っていきます。コンクリート壁やブロック塀などにはよいのですが、木造の構造物に這わせると傷んでしまいます。一方、自力では絡まずに誘引が必要なものは、その分、手間がかかります。植える場所に合ったタイプの植物を選ぶことが大切です。花が咲くものを育てたい場合は、つる性のメリットを生かすにしても、ある程度は日当たりが必要です。

いろいろなつる性植物

葉の模様や
色の変化が美しい

ヘンリーヅタ

葉脈の模様がくっきりした美しい葉を持ちます。葉は表裏で色が異なり、さらには温度変化によって葉色も変化し、紅葉も楽しめます。落葉性で冬には葉を落とすため、垣根にしたいときは要注意。生長は旺盛ですが、ナツヅタなどに比べて扱いやすいです。ただし、吸着根を出すので、這わせるものの材質には気をつけましょう。

白い花とシルバー
グリーンの葉で
センスup!

トウテイカカズラ

別名スタージャスミン。一般的なテイカカズラと比べると、葉が大きめでやや白みがあるので、センスよく使えることから人気が高まっています、病害虫の心配もほとんどなく、常緑で手入れも楽。6月には香りのよい花も楽しめます。ジャスミンに姿も花の香りも似ていますが、毒性があるため、食用はできないので注意しましょう。

サッコウフジ

棚を作らずに
フジの花を楽しめる

「フジは好きだけれど大木になってしまうのがいやだな」と考えている人におすすめ。フジとは別種で、花も垂れ下がりませんが、フジに似た紫色の花がたくさん咲きます。棚も不要で、比較的コンパクトにまとまるので管理も楽です。ただし、熱帯性の植物なので寒さに弱く、最低気温が3℃以上ないと冬越しができません。江戸時代に日本に伝わった植物で、当時は盆栽として栽培されていました。

バラ＆クレマチス

色の組み合わせも
考えたい！

つる性の花の女王ともいえる２種。バラにはつる性のものと木立性のものがあるので、購入時にはよく確認しましょう。どちらも品種は豊富で、作りたい庭のイメージに合わせて選ぶことが可能です。日当たりがよくないと花つきが悪くなるため、つるで大きく広がる場所の日当たり状態も要チェックです。

上へも横へも
グリーンが
広がっていく

ツルハナナス

白花種と紫・白の混合種がありますが、ともに花期が長いのが魅力。常緑のつる性植物の中では、広がってもあまり密にならないので、センスよくまとめられます。やや寒さに弱いため、寒冷地では冬に葉が傷むことがあります。

オオイタビ

壁一面、
グリーン一色に

吸着根を出して伸びていくタイプ。常緑でよく枝分かれするので、壁面緑化には最適です。ただし、這わせるものの材質には気をつけましょう。イチジクの仲間なので、イチジク同様、花は見えませんが実（果嚢）がなります。

ブロカント *Brocante*

松田さん おすすめの果樹

ブドウ

特徴

苗を植えつけてから実をつけるまでが早い。家庭で育てるなら樹勢が弱めの品種を。巨峰やピオーネは栽培が難しい。

お世話のポイント

つるが旺盛に伸びるので、誘引や摘心をしっかり行う。袋をかけると病害虫を防ぐことができる。

ボイセンベリー

特徴

ブラックベリーに似た実で小さな種があるが、そのまま食べて気になるほどではない。寒いところでも育つ。

お世話のポイント

地面を這うように伸びるので、必ず、フェンスや支柱などに誘引する。春に新しいつるが出たら、古いつるを切り取る。

ブルーベリー

特徴

ハイブッシュ系とラビットアイ系に大別される。1本でも比較的実をつけるが、異品種を近くに植えるとより結実しやすい。

お世話のポイント

酸性の土を好むため、ピートモスなどで土壌改良をするか、専用の培養土で植えつける。乾燥が苦手なので水切れに注意する。

ブラックベリー

特徴

実は成熟するにつれて赤色から黒色に変化する。多くはトゲがあるが、扱いやすいトゲなし品種もある。

お世話のポイント

株元から伸びる枝を毎年更新しながら育てる。地下茎で伸びるので不要なところから出た枝は根元から切る。

イチジク

特徴

実がなる時期によって、夏果専用種、秋果専用種、夏秋兼用種があるので、購入時は注意する。東北以南が栽培適地。

お世話のポイント

水はけのよい土に植える。生育が旺盛なので、2～3月に剪定を。節と節の間で切る。

ブロカント *Brocante*

松田さん おすすめのつる性植物

バラ&クレマチス

特徴

花の種類が豊富。ともに四季咲き性、一季咲き性のものがあるので、這わせたときのことを考えて品種選びを。

お世話のポイント

バラは病害虫に弱いので、被害が広がる前に見つけることが大切。クレマチスはつぼみ～開花期の水切れに注意する。

ヘンリーヅタ

特徴

耐寒性、耐暑性がある。日当たりは好むが半日陰でも。初夏から夏にかけて実がなり、緑から紺色のグラデーションが美しい。

お世話のポイント

吸着根ではあるが、活着力はほかの同様の植物に比べて弱い。不要なところに伸びたときは、手で剥がすことができる。

ツルハナナス

特徴

ナス科の植物だが、トゲはない。葉の周りに黄色の覆輪斑が入る品種もある。関東北部以北では屋外での冬越しは難しい。

お世話のポイント

剪定の適期は春と花後だが、生育が旺盛なので伸びすぎて樹形を乱すことがあれば、適宜切り戻してよい。

トウテイカカズラ

特徴

－10℃を下回るところでは冬越しが難しい。テイカカズラよりも耐寒性がやや劣る。花が星形をしている。

お世話のポイント

花芽は夏を過ぎるとつくので、剪定は花が終わったらすぐに行う。葉が落ちるときは水切れのサイン。

オオイタビ

特徴

放任しているとどこまでも広がる。葉の裏は葉脈が浮き上がっている。耐潮性があるので、海沿いの垣根にも使える。

お世話のポイント

株が小さいうちは生育が遅いが、数年すると生育が著しく早くなるので、定期的に剪定をすることが必要。

サッコウフジ

特徴

フジのように垂れ下がらず、上向きに花が咲く。紫色のほか、赤や黄色の花が咲く品種も。花のあとにはサヤができる。

お世話のポイント

つるの伸びはフジほど旺盛ではないとはいえ、管理は必要。伸びすぎた枝は毎年剪定をして、樹形を整える。

3章

作って　飾る

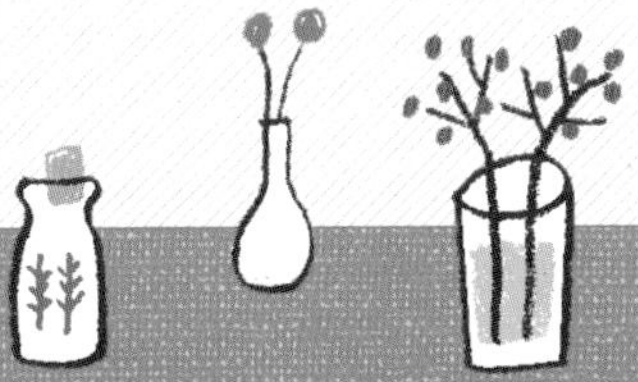

植物は観て楽しむだけではもったいない！
作って飾ったり贈ったり、その一つ一つのプロセスも大きな喜びを与えてくれます。

リースやスワッグを作って部屋のインテリアに

リースはその形から、始まりも終わりもない、永遠の象徴とされています。自然の恵みを長く楽しんでみましょう。

宅間美津子

麻の布でまとめたスワッグを額の上に据えたことで、インテリアとして重厚感を増しています。

宅間美津子

バルコニーの水やり用水道管もさりげなく隠してくれます。

ユニークな素材を生かして オリジナル作品を

宅間美津子

迫力があるバンクシアの枝を土台に。やさしげな植物を多く使い、全体のバランスをとりました。

宅間美津子

白緑色の植物たちの 今後が楽しみ!

フレッシュグリーンを使ったリース。時間の経過とともに味わい深いものになっていきます。

BROCANTE 松田尚美

小枝の流れるような 動きが美しいリース

大人っぽい華奢なベース（土台）のリース。主張しすぎないのに、やさしい存在感があります。

軽やかで
美しい色合いの

通年楽しめるリースを作ろう

作ったときはフレッシュグリーン、そのまま飾っておくだけでドライになっていく材料で、1年中飾れるリースを作りましょう。

制作・指導／BROCANTE 松田尚美

花材はすべてフレッシュで

花材はすべてフレッシュグリーンです。クリスマスローズをバラにしたり、アジサイをノリウツギやサンキライなどの実物に変えたりしても。花屋さんで購入するときに、そのままドライになるものを聞いて選ぶとよいでしょう。リースの土台は市販のものでもよいですし、盆栽用のワイヤーや太めの針金を円形にして作ることもできます。ここでは市販の真鍮サークルベースを使っています。

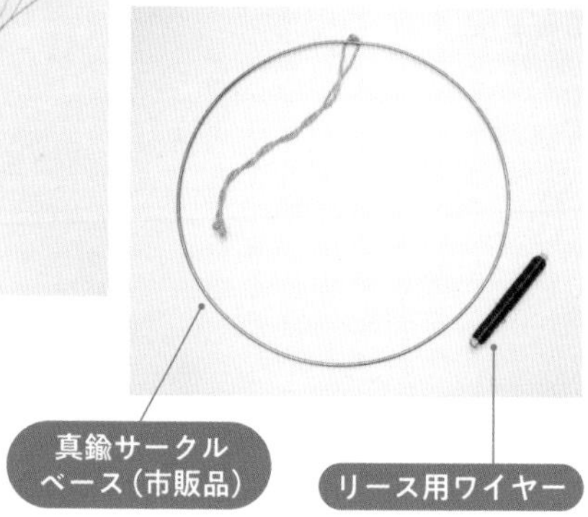

1

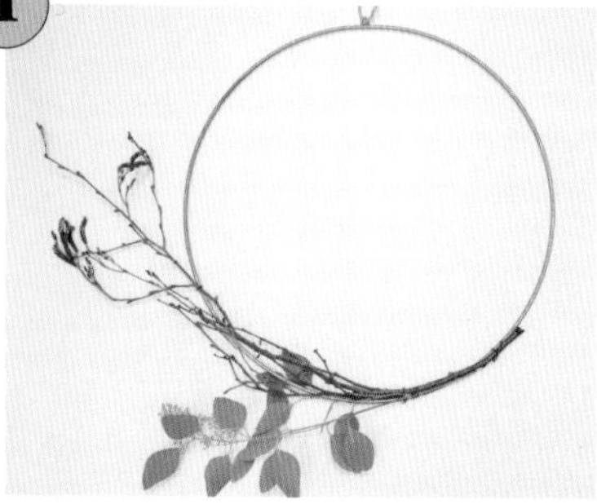

でき上がりをイメージしながら、左側にヒメヤシャブシとユーカリ・ポポラスを巻きつけます。ベースに花材を沿わせたら、リース用ワイヤーで適宜留めておきます（以下同）。

2

ベースに沿わせるようにして、右側にユーカリ・グニーを巻きつけます。

3

中心部分にボリュームを持たせながら、オンシジュームとアキイロアジサイをバランスよく巻きつけます。葉のすき間を埋めていくようにするとよいでしょう。

時間がたっても美しさはそのままキープされます。

Finished

花や実の色とグリーンをバランスよく

クリスマスローズ、エミューフェザー、ユーカリ・グニー、ノラニンジンをバランスよく巻きつけます。時間の経過とともに花材、真鍮のベースとも奥深い色に変化します。

針葉樹を使ったクリスマスリース

シンプルでかわいい！

上のリースと同様にリング状のベースを使い、花材を巻きつけていきます。針葉樹の葉を多く使い、リボンをつけると、クリスマスにも使えるリースになります。リボンのつけ方次第で表情も変化します。

1. ボールバード
2. ブルーアイス
3. コロラドモミ
4. ユーカリの実
5. ジュニパー

市販品でも
自作のドライでも

小さなシンプルリースを作ろう

1種類の花材だけで作る小さなドライリースは、洗面所やトイレ、
キッチンの片隅など、ちょっとした空間に飾れます。

制作・指導／BROCANTE 松田尚美

道端の雑草でも

このページで紹介している花材は、通販などで手軽に入手できます。このほか、道端で見かけるイネ科の雑草をドライにして使ってもよいでしょう。エノコログサやチカラシバ、ヒメコバンソウなど、穂先の美しいものを集めてきたら、束にして吊るしておくと、簡単にドライフラワーになります。散歩の途中に、ぜひ、素敵な花材を探してみましょう。

軽いので好きなところに飾れる

ドライのシンプルリースはとても軽いので、リースベースにひももつけずに、そのまま釘などに引っ掛けるだけで、壁に飾ることができます。

1種類で作り、数種を飾る

シンプルなだけに、あまりいろいろな種類を混ぜてリースにするよりは、1種類で作ったほうがうまく仕上がります。小さなものを数種類作って飾るのがおすすめです。ふわふわの穂、色や形がおもしろい実や枯れ草などを、日ごろから集めておくとよいでしょう。

作り方

上・ホルジュームの根元を重ねるように接着。下・セタリアの穂だけをカットし、グルーガンを使って円形に接着。オブジェにも。

細い銅線で直径10cmの円形ベースを作り、ルナリア、パンパスグラス、タタリカを１本ずつ固定しながらリボンを巻きつけます。

上・パームスペード（ヤシの葉）はラフィアで束ねて。下・細い銅線を直径10cmの円形にしたベースに、ゴールド染めのヤマイモカズラを巻きつけて。

ボリューミーな花材で

華やかスワッグ

⑤のみ生花、ほかはドライでスワッグ（花束型の壁飾り）を。⑤を軸にして花材をバランスよく束ねます。

① パンパスグラス　② ヨウシュヤマゴボウ
③ アキイロアジサイ　④ オレガノ
⑤ ギンヨウアカシア　⑥ ラグラス　⑦ ミニカスミソウ

スワッグ教室は 和気あいあい

自分で作ってみるのも楽しいものですが、プロにうまくまとめる
コツを教えてもらうと急に垢抜けたものになるから不思議です。

ドライになるとともに季節を問わないスワッグに

鎌倉市「草花屋 苔丸」の店主・赤地光太郎さんのお母様、みさゑさんの手にかかると、植物たちは魔法をかけられたかのように、センスあふれる寄せ植えやクラフト作品に変身します。そんな赤地さんのもとで、定期的にスワッグやリースの教室が開かれています。クリスマスを間近に控えたある日もまた、わいわいと教室が開催されていました。今回は個性的なプロテアを主役にしたスワッグを作ります。針葉樹が、フレッシュな作りたての間はクリスマスやお正月によく合い、ドライになっていくにつれて次第に飾られた空間になじみ、季節感を問わないものとなっていくそう。自分で作るからこそ、より愛着もわいて経年変化が楽しみになります。

個性的な花材の数々に感嘆の声を上げながら、各々が自由な発想でスワッグをまとめていきます。「1年間飾ったら、またこの場でリニューアルしようね！」と、すでに1年後の楽しみもできました。

花材はブルーアイス、ビバーナム、ホプシー、プロテア、ヒムロスギ、ブローニアなど。

針葉樹の葉を重ね、土台を作ります。メンバーのお土産のキウイのつるもあしらいに。

束ねたものを少しずつワイヤーでまとめていきます。

※取材は2020年12月

主役になるプロテアを中央に重ねます。

赤のケイトウ、シルバーグレーのコチア
をアクセントに。

束の根元近くに、実物のプローニアを重
ねます。

余った材料で
ミニリースも
作ります！

針葉樹の短い葉で
根元を覆い、ラ
フィアで全体をま
とめます。

Finished

キウイのつるが
躍動感を
与えています

生花で部屋に華やかさを

花屋さんで買ってきた花束を飾ってみたけれど、どこかいまひとつ……ということはありませんか？　活けるコツを紹介します。

大きな花器にダイナミックに活けたミモザ、ワスレナグサ、アルストロメリア。部屋がパーっと明るくなります。

花屋さんで購入するときは、鮮度をチェックしましょう。活ける前に、水につかる部分の葉は取り除き、枝分かれしているものは、使い勝手を考えて切り分けます。そして、花を長持ちさせるために水揚げを。茎を水の中に入れ、そのまま斜めにカットする水切り、または水につけずに斜めにカットする切り戻しは手軽にできておすすめです。

花がバラバラして活けにくいときは花留めを。100円ショップでも入手できます。

東京・広尾の
フルール・ユニヴェセールで
教えてもらいました

ちょっとしたコツでセンスUP

さりげなく飾ってあるのにとてもセンスよく見えるのはなぜ？
花のプロが活けたものを見せてもらいました。

ミモザを小さく活けるのも新鮮。花と反対色の花びんでポップに。

同系色のものは花・葉の色や形で変化を。ラナンキュラス、レースフラワー、アルストロメリア、ナズナ。

鉢で育てているパンジー。大小のグラスでリズムよく。

パンジーにマメ科の花を加えるだけで、野の花ブーケのように。

1本のアストランチア。活けた姿を想像して切り分け、主茎を。

切り分けで出たアストランチアは大・中・小のガラスびんに。

器が花を
引き立てる!

花と器のバランスが大切

花びんに花を活けるとき、花と器のバランスがよくないと落ち着かない空間に。見る人に安らぎを感じさせる活け方を見てみましょう。

♬ 小びんに活けて リズミカルに並べてみました♪

1

2

1 左からアネモネ、ラナンキュラス、ハゴロモジャスミン、バラ、パンジー、チューリップ。一つの束にしてアレンジしたくなるところですが、5つの花びんに分けて入れるとこんなに新鮮。花びんに統一感を持たせるのがコツです。しばらくはまとめて活けて、傷んだ部分を取り除いたあとにも、分けて活ける方法は役立ちます。 2 花に重心があるチューリップ。花が下がってしまうようなら、それも魅力として活けたいもの。花の向き、茎の流れの動きを最大限に生かしましょう。少しでも長持ちさせるため、茎や花びんは毎日水洗いを。3パンジーは葉の力も借りて、シンメトリーにならないように。4 レースフラワーは花の向きや茎の長さを変えて。真上から見て三角形になるように活けるとバランスがよくなります。

3

4

花に重量感のあるクリスマスローズ。右は背を高く、左は透明な器で軽やかに。

ラケナリア・コンタミナータ。造形的でユニークな穂の形を見せます。

ブーケ風に活けるときは、奥行き感を強調。フリチラリア、パンジー、ラナンキュラス、チューリップ、クリスマスローズ。

いちばん美しく見える位置を探してあげましょう

1 ネコヤナギは1本の枝。この姿をイメージして切り分けました。 **2** 枝垂れるコデマリ。向きに逆らわずに活けるのがコツです。**3** ジンチョウゲは、ユニークなカーブのある長い茎を生かして。

1

2

3

押し草を作って飾る

散歩で見つけた何気ない雑草も「押し草」にして飾ると
部屋の中に草花の世界が広がります。

季節を問わず、散歩は気分をリフレッシュしてくれます。散歩をしながら、道端や空き地に点在する雑草をよく見ると、その立ち姿や小さな花の美しさにハッとさせられます。都会でも、近所の小さな公園、マンションの片隅などに懸命に生きる草花や、コンクリートの割れ目から健気に芽を出す草に感動したことはありませんか？ そんな愛おしい草花を少し摘んで家に持ち帰り、「押し草」を作ってみましょう。色鮮やかで見目麗しい花の押し花も素敵ですが、雑草の持つ力強さや伸び伸びした姿もまた格別です。散歩で見つけた自然や感動を小さな作品に閉じ込めて、家の中でも存分に楽しんでみましょう。

作品の押し草はアカマンマ。
右は信田さんの庭の草花。

草花の美しさを発見し、その姿を描いてみよう

草花の茎が描くユニークなラインや、葉・花の形は芸術的。
その美しい形を生かしながら、自分だけの作品を作り上げてみましょう。

野原にいる気分で押し草を作る

栃木県益子町でかつてカフェを営んでいた信田良枝さんは、四季を通じて美しい庭の草花を摘んで押し草作りを楽しんでいます。カフェだった庭には植物が伸び伸びと育ち、早春の野原や秋の草原にいるような気分にさせてくれます。信田さんのお気に入りの植物は、イヌタデ、ホトトギス、ギボウシ、シュウメイギク、クリスマスローズ、カヤツリグサなど。つる性の植物や茎が長い植物は、表情を作りやすいといいます。いろいろな草花で押し草を試して、日々発見を楽しみたいものです。

仕上がりをイメージして形を作る

信田さんによる押し草作品の作り方を紹介します。まず、板や厚紙の上に和紙など薄い紙を敷き、押したい草花を置きます。その上に新聞紙、厚紙または板を重ね、最後に厚い本などを重しとしてのせます。1～2カ月で押し草のでき上がり。摘んできた草花を薄紙に置くときに、仕上がりをイメージして形を作っておくことがコツだそう。

自然と触れ合ったときの 感動や喜びを　部屋の中にも！

「押し草」ができ上がったら、部屋の中で輝かせてみましょう。
台紙の素材を工夫すると、さらにセンスアップします。

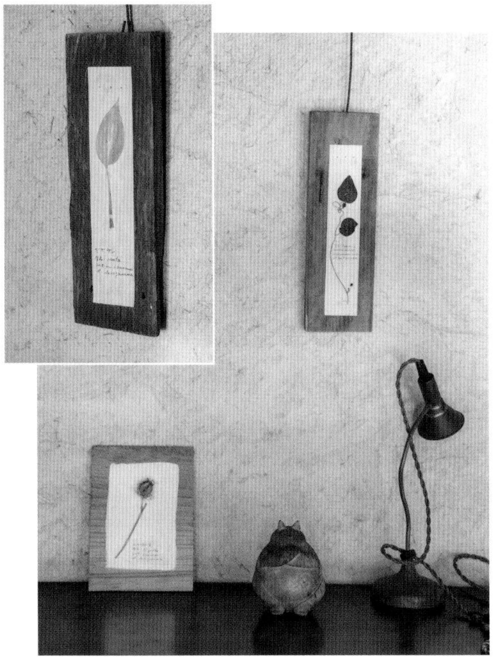

上からギボウシ、クズ、ニゲラの実。

押し草を飾るための材料をさがす

「美しい自然やユニークな草花の姿を部屋の中でできるだけ再現するには、仕上がった押し草に合った台紙やフレームを考える」と信田さん。押し草、台紙、フレームの組み合わせをいろいろ試してみるのも、押し草作品作りの楽しみの一つだそう。左の写真は、和紙に貼った押し草をさらに古材に貼りつけたもの。右の写真は、既成のフレームに色をつけ、土台に古布を敷いて押し草を貼ったもの。信田さんのお気に入りの一作です。

四つ葉のクローバー。ドライな植物をあしらって。

左写真はアザミ、右写真はクリスマスローズ、ナツツバキの実など。

台紙選びで新たな発見を！

押し草の台紙には、古布、手すき和紙、木の皮などがよく合うと信田さんは言います。仕上がった押し草と対話しながら台紙を選び、自分だけのオリジナル作品を作ってみましょう。

4章

ちょっとお出かけ 癒しのカフェ

遠くへ旅行ができなくても、
家のすぐ近くにあるグリーンショップや緑豊かなカフェに出かけるだけで気分も一新。
植物の使い方も参考になります。

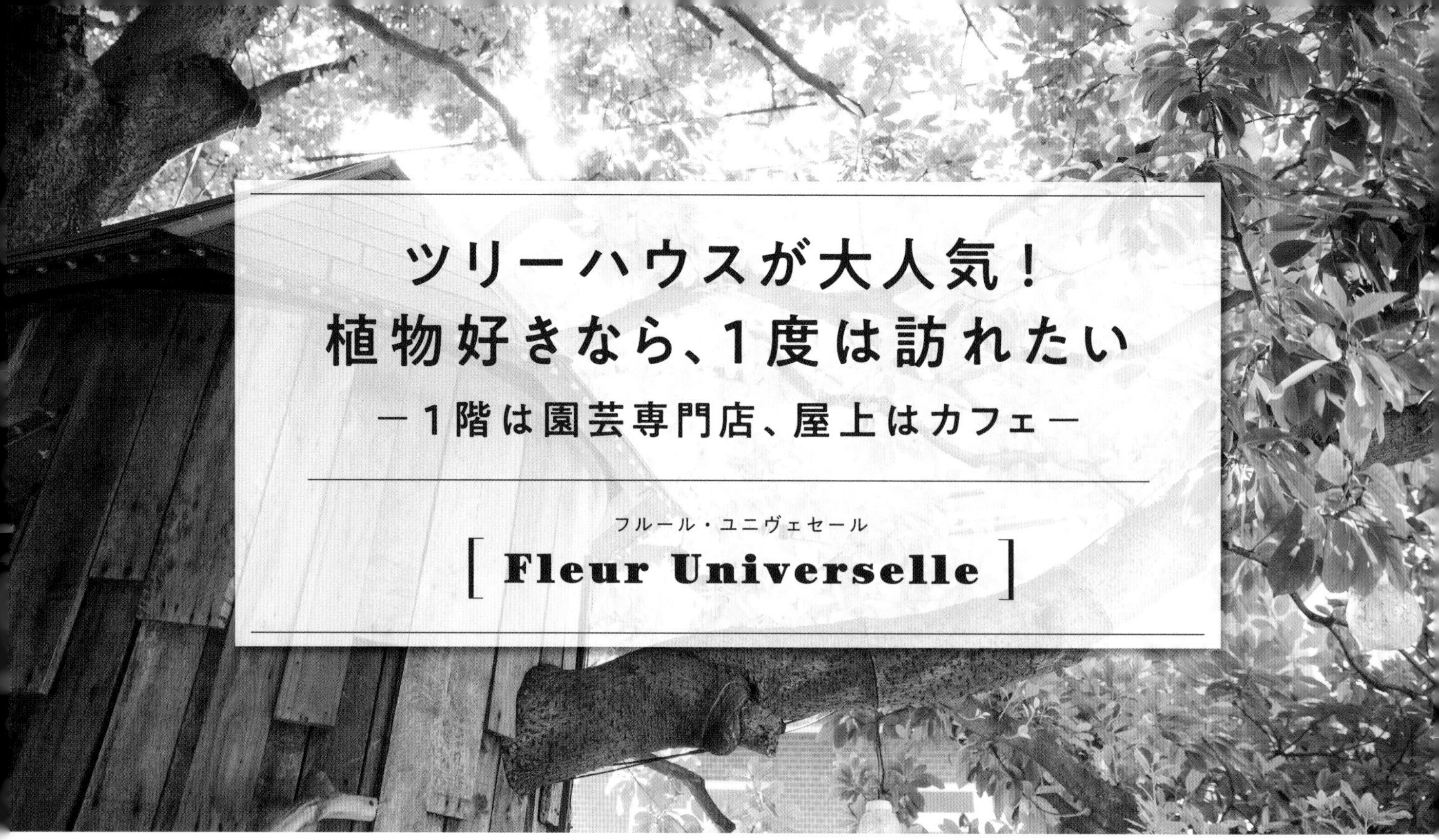

ツリーハウスが大人気！
植物好きなら、1度は訪れたい

―1階は園芸専門店、屋上はカフェ―

フルール・ユニヴェセール

[Fleur Universelle]

吹き抜けの開放的な空間には、植物の魅力が詰まっています。季節ごとに訪れてみたいもの。

フランスの片田舎にあるようなお花屋さん

東京・広尾の表通りから一歩足を踏み入れると、そこには、濃緑の塊がありました。そばに近づくにつれて見え隠れしてきたのは、小さなツリーハウス。絵本の扉を開くように現れたのは、大きなタブノキに抱き抱えられた花屋さんです。ここはもはや東京ではなく、フランスの片田舎。植物好きはもちろんのこと、そうではない人も足を止め、中に引き込まれてしまいます。店内に入ってみると、想像以上の大きな空間が広がり、色とりどりの花や個性的な観葉植物が目に飛び込んできました。頭の中ではすぐに、家に飾りたい花、なかなか会えない友人に贈りたい植物選びが始まります。

タブノキの株元に立つと、木のほこらの中にショップがあるよう。

ツリーハウスへは正面のはしごからでも登れます。誰も見ていない夜中にはこっそり木の精たちが集まっているような空間。

緑に囲まれて
体も五感を取り戻す

この建物の3階とルーフトップは緑に包まれたカフェ。タブノキとブドウの葉の緑に囲まれ、都会の喧騒からは遮断された空間では、木漏れ日や風の流れも感じられ、体が五感を取り戻していきます。森の中のピクニック気分で新鮮な野菜をふんだんに使った食事をしたあとは、ずっと気になっているツリーハウスへ。

店内からツリーハウスへの道をたどっているうちに、秘密基地に向かっている気分になってきます。入口からそうっと体を入れてみると、小窓からのぞく緑の距離の近いこと。緑に触れると穏やかで安心した気持ちになれるからこそ、自分が暮らす家でも、常に緑を手の届くところに置いておきたくなるものなのでしょう。

1

4

2

3

1 ルーフトップのカフェでは、あちこちに小さな植物たちの鉢やコンテナが。家で植物を飾るときの参考になりそうなものばかりです。 **2** ブドウ棚からこぼれるライトグリーンが日の光を受けてさらに鮮やか。 **3** 高さのある鉢ではヘデラのつるも自由に伸びることができそう。 **4** 古くからあるタブノキに魅かれたオーナーが、木から受けたインスピレーションをもとに、ツリーハウスを持つ世界観のあるボタニカルショップをつくり上げました。 **5** センスのよい南仏のフローリストを訪れた気分になる店内は、生花や観葉植物のほか、リースやスワッグなど空間づくりに役立つものばかり。 **6** 店頭にはマニア心をくすぐるような希少な植物も。スタッフが育て方など親切に相談にのってくれます。

5

6

店も住まいもオープン!
心躍る植物と暮らす毎日

―食べ物、インテリア、植物にこだわりを―

[**PARLOR 8ablish**《パーラーエイタブリッシュ》]

熱帯雨林原産のシッサス・エレンダニカは、光が当たりすぎても当たらなくてもいけないという管理のとても難しい植物です。

アマゾン原産のアナナス・エクメアファシアータは、花を咲かせていました。これが目当てだったお客さんもいるかもしれません。

ピンク色の斑が鮮やかなトラディスカンティア。枝垂れる茎から、元気が降り注いでくるようです。

光がよく当たり、風通しもよいところを好むリプサリス。ここではハンギングで、いちばん過ごしやすい場所を見つけていました。

白い斑が美しいプテリスを中心とした寄せ植えの後ろで、愛らしい姿のユーフォルビア・ホワイトゴーストがこっそりピースサインを送っているようです。

植物たちとともに安心して同じ食卓を囲める

マスクの下で息をひそめ、人との距離を気にしながら歩いてたどり着いた先。高い天井の広々とした空間に、たくさんの植物が出迎えてくれました。ここでは、息をついてもいい、体と心を休めていいのだと急に肩の力が抜けてきます。ここは東京・南青山にあるパーラーエイタブリッシュ。まだ「ヴィーガン」という言葉も世に広まっていなかった20年以上前から、だれでもが安心して同じ食卓を囲めるカフェを運営し続けています。

テーブルに着くと、同じ目線で目を合わせてくれる植物、同じ床に立って寄り添ってくれる植物、「みんな、元気を出して！」と太陽のように上から語りかけてくる植物。この植物たちも同じ食卓を囲んでいるのだと気づかされます。よく見ると、葉の先まで手入れが行き届いていることが伝わってきます。ふと天井を見上げると、縦横にレールが張り巡らされています。ガラスの窓いっぱいから差し込む光がどの鉢にも届けられるように、エアコンの風が直接当たらないようにと、一鉢ずつ、その状態を見ながら、自在に動かすための魔法のレールでした。

人も植物も、家で英気を養う

パーラーエイタブリッシュからほど近い場所に、エイタブリッシュ代表の川村明子さん、取締役の宅間頼子さんの自宅があります。ここでも、吹き抜けの高い天井で広々とした空間にいるたくさんの植物たちが出迎えてくれました。

アートディレクターでもある川村さんの厳しい目で選び抜かれたインテリアと、存在感あふれる植物たちですが、ここではどこかやさしいのです。見れば、ベランダに植物たちの養生コーナーがありました。

「店で元気をなくした植物たちは、しばしここで休ませています。そして元気を取り戻したらまた店に戻っていく、そんなことのくり返しですね」とは宅間さん。パーラーでも家でも植物たちを出迎え、送り出しているお二人です。

「もちろん、残念ながらダメになってしまった植物もたくさんありました。そんなときは何が悪かったのだろう、光？ 風？ 水？ と考えながら試行錯誤して、今があります」と川村さんは話します。パーラーで多くの人に元気を与え、少し疲れたら、この家でゆっくり過ごす、人と同じように日々を生きている植物たち。パーラーで感じた、植物たちが訪れる人をやさしく包み込んでくれる空気は、まさにここにあったのだと、改めて気づかされました。

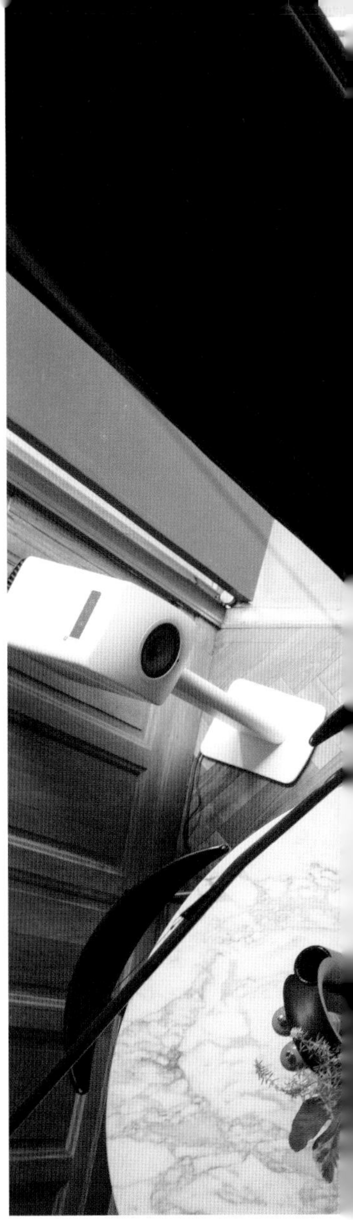

都心の夜景も望める屋上のガーデンテラス。フラミンゴのオブジェの背後ではオーストラリアンローズマリー（ウエストリンギア）が薄紫の小花を咲かせていました。アウトドアリビングでは、コルジリネやニューサイランなどのシャープな葉姿がモダンなエッセンスを加えています。

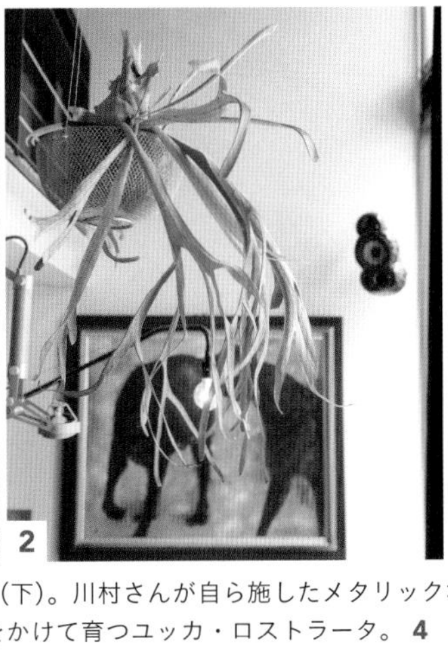

1　ボストンファーン（上）、ビカクシダ（下）。川村さんが自ら施したメタリックなティンパネルの天井に映えています。**2**　川村さんのお父様が描いた絵をバックに力強いビカクシダ。**3**　長い時間をかけて育つユッカ・ロストラータ。**4**　ライトグリーンの葉が美しいボストンファーン。

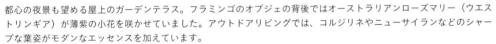

月美人 54
ツリージャーマンダー **90**
ツルハナナス **98 100**
ディエテス **90**
ディクソニア **91**
デイジー 115
ディスキディア・エメラルド 57
テーブルヤシ **17**
テーブルヤシ・エレガンス **17**
テーブルヤシ・テネラ **17**
テクトルム 57
テトラゴナ 55
デンタータラベンダー **62**
トウテイカカズラ **97 100**
トップスレンダー **37**
トラノオ 21
ドラゴンズブラッド **38** 47
ドラセナ・コンシンネ **20**
ドラセナ・コンシンネ・ホワイボリー **20**
ドラセナ・コンシンネ・マルギナータ **20**
ドラセナ・コンシンネ・レインボー **20**
トラディスカンティア 123
トリカラー **38** 47

ナ

ナギイカダ **88**
ナスタチウム **65**
ナズナ 111
ナツツバキ（実） 116
ニゲラ（実） 116
ニューサイラン 125
ネギ 79
ネコジャラシ 106
ネコヤナギ 113
ネメシア 84
ノラニンジン 104 105

ハ

パームスペード 107
パイナップルミント **60**
パキラ **22**
ハゴロモジャスミン 112
バジル **63** 79
花ホタル 54
バニーカクタス 55
ハボタン 84
バラ **98 100** 112
パリダム 54
バルバータ 54
バンクシア 103
パンジー 111 112 113
パンダ 25
パンパスグラス 107
ビオラ 81 84
ビカクシダ 23 125
ピスタチア **87**
ピットスポルム・シルバーシーン **87**
ビバーナム 108
ヒムロスギ 108
ヒメコバンソウ 106
ヒメヤシャブシ 104
ヒヤシンス 68 72 73 **74** 76
ファンファーレ **39** 48
フィカス（ゴムノキ） **24**
フィカス・アルテシマ **24**
フィカス・ティネケ **24**
フィカス・バーガンディー **24**
フィカス・ベンガレンシス **26**
フェンネル **65** 81
フォックスリータイム 84
福だるま **35** 47
福娘 **35**
不死鳥錦 **36**
プテリス 123
ふっくら娘 35
ブドウ **93 99** 120 121
ブラキカウロス 52 56
ブラックペパーミント **60**
ブラックベリー **95 99**
ブラッサイア **27**
ブラヘア・アルマータ **89**
フリチラリア 113
ブルーアイス 105 108
ブルーベリー **94 99**
ブレビフォリウム **39**
プレリンゼ **37** 46 47
ブローニア 108 109
プロテア 108 109
ヘスペラロエ・パルビフローラ **89**
ヘデラ 25 121
ペパーミント **60**
ベンガルゴム 26
ベンガルボダイジュ 26
ヘンリーヅタ **97 100**
ポイセンベリー **94 99**
ホウライシダ 91
ボールバード 105
ボストンファーン 125
ポトス **18**
ポトス・エンジョイ **18** 32
ポトス・グローバルグリーン **18**
ポトス・マーブルクイーン **18**
ポトス・ライム **18**
ホトトギス 115
ホプシー 108
ボリジ **65** 79
ホルジューム 107
ホワイトペパーミント **60**

マ

舞乙女 **40**
マクシラリア・ポルフィロステレ 25
マツバマンネングサ 55
マリーゴールド 81 82
ミニカスミソウ 107
ホウラシイダ 91
ミモザ 111
ミルクゥージ（斑入り） **39** 47
ミント **60** 67
ムスカリ 72 73 **76**
ムスカリ“アズレウム” 76
ムスカリ“アルメニアカム” 76
メキシカンブルーパーム 89
女仙葦 19
メリアンサス **91**
桃美人 **41**
モンステラ 16

ヤ

ヤマイモカズラ 107
ユーカリ（実） 105
ユーカリ・グニー 104 105
ユーカリ・ポポラス 104
ユーフォルビア・ウルフェニー **90**
ユーフォルビア・ホワイトゴースト 123
ユッカ・ロストラータ 125
ヨウシュヤマゴボウ 107

ラ

ラグラス 107
ラケナリア・コンタミナータ 113
ラナンキュラス 111 112 113
ラベンダー **62** 67
リプサリス **19** 123
リプサリス・コラロイデス **19**
リプサリス・カスッサ **19**
リプサリス・メセンブリアンテモイデス **19** 25
ルッコラ 84
ルナリア 107
レースフラワー 111 112
レタス 81 82 84
レモンバーベナ **64**
レモンバーム **64** 67
レモン・ピンクレモネード **90**
ローズマリー **63** 67
ロメインレタス 79 84

ワ

ワーテルメイエリー **40**
ワイルドマジョラム 61

植物名索引

ア

アーモンドネックレス …… 40
アイビー …… **25**
アオノリュウゼツラン …… 89
アカシア・ブリスベーンワトル …… **90**
アガベ・アメリカーナ …… **89**
アガベ・マクロアカンサ …… **89**
アカマンマ …… 114
アキイロアジサイ …… 104 107
アサガオ …… 115
アザミ …… 116
アジアンタム …… **91**
アジサイ …… 107 115
葦サボテン …… 41
アストランチア …… 111
アスパラガス・スプレンゲリー …… **87**
アップルミント …… **60**
アナナス・エクメアファシアータ …… 123
アネモネ …… 112
アムステルダムキング …… 16
アルストロメリア …… 111
アンスリューム・ビオラセウム …… 25
アンブレラツリー …… 27
イエイオン“ホワイトスター” …… 76
イオナンタ …… 56 57
イオナンタフエコ …… 52
イタリアンパセリ …… **65** 79
イチゴ …… 81 82
イチジク …… **95 99**
イトアシ …… 19
イヌサフラン …… 69
イヌタデ …… 115
イリシウム・オーレア …… **87**
イングリッシュラベンダー …… **62**
ウエストリンギア …… **90** 125
ウスネオイデス …… 52 53
エケベリア …… 34 51 55
エノコログサ …… 106
エピデンドルム …… 25
エミューフェザー …… 104 105
オウゴンマンネングサ …… 54
オウレイ …… **38** 54
オオイタビ …… **98 100**
オーストラリアンローズマリー …… 125
オニヤブソテツ …… **88**
オレガノ …… **61** 107
オンシジューム …… 104

カ

ガジュマル …… **22**
カシワバゴムバンビーノ …… **27**
カブツメドーサ …… 57
カモミール …… **65** 67
カヤツリグサ …… 115
カレックス・エベレスト …… **88**
キウイ（つる） …… 108 109
キセログラフィカ …… 52 57
キヌサヤ …… 84
ギボウシ …… 115 116
京童子 …… **40**
ギンヨウアカシア …… 107
キンレンカ …… 65
茎ブロッコリー …… 79
クズ …… 116
クラシハマタ …… 54
グリーンネックレス …… 40 55
クリスマスローズ …… 54 104 105 113 115 116
グレープヒヤシンス …… 76
グレビレア …… 7
グレビレア・センパフローレンス …… **90**
グレビレア・ロズマリニフォリア・ルテア …… **90**
クレマチス …… **98 100**
クローバー …… 116
クロゴム …… 24
黒玉子 …… **37**
クロッカス …… 72 73 **75**
黒兎耳 …… **36**
ケイトウ …… 109
ゲッキツ …… 88
ゲットウ …… **91**
コウモリラン …… **23**
ゴールデンセージ …… **61**
コクリュウ …… 55
コチア …… 109
コットンキャンディ …… 52 56
コデマリ …… 113
ゴムノキ …… **24**
古紫 …… 37
コモンセージ …… **61** 84
コモンタイム …… **59**
コリアンダー …… 84
コルジリネ …… 125
コルチカム …… **69 70**
コロラドモミ …… 105
コンシンネ …… **27**

サ

サッコウフジ …… **97 100**
サフラン …… 69 **71**
サラダナ …… 79
猿恋葦 …… **41**
サンセベリア …… **21**
サンセベリア・キルキープルコラコッパートーン …… **21**
サンセベリア・シルバーハニー …… **21**
サンセベリア・ゼラニカ …… **21**
サンセベリア・ローレンティー …… **21**
サンバースト …… 54
シッサス・エレンダニカ …… 123
シェフレラ …… **23** 25 **26**
シェフレア・アクチノフィラ …… **27**
シュウメイギク …… 115
ジュニパー …… 105
シラユキミセバヤ …… 55
シルクジャスミン …… **88**
シロナンテン …… **87**
ジンチョウゲ …… 113
スイートラベンダー …… **62**
スイセン …… 72 73 **76**
スイセン“プレゴージャス” …… 76
スイセン“ペーパーホワイト” …… 76
スギノハカズラ …… 87
スタージャスミン …… 97
ストロビランテス・ブルネッティ …… **88**
ストロベリーミント …… **60**
スノージェイド …… 54
スノーフレイク …… 76
スプラウト …… 59
スペアミント …… **60**
セージ …… **61** 67 84
セダム …… 51
セタリア …… 107
セローム …… 16

タ

タイム …… **59** 67 84
ダシフィルム …… **39**
タタリカ …… 107
タブノキ …… 118 120 121
タマシダ …… **91**
ダリア …… 81 82
チェリーセージ …… **61**
チカラシバ …… 106
チコリ …… 79
チトセラン …… 21
チャイブ …… 79
チューリップ …… 112 113
チューリップ“ヒルデ” …… 76
チューリップ“ポリクロマ” …… 76
千代の松 …… 19
月兎耳 …… **36**
月兎耳・チョコレートソルジャー …… **36**

取材協力

BROCANTE
P.25、68～76、78～100、103～107
東京都目黒区自由が丘 3-7-7
TEL 03-3725-5584
http://brocante-jp.biz

Seeding（BROCANTE 2階）
TEL 03-5726-8555
http://seeding.tokyo

Fleur Universelle
P.14～33、110～113、118～121
東京都港区南麻布 5-15-11 1F 2F
TEL 03-5791-1187
https://fleur-universelle.com

レ・グラン・ザルブル
P.9、118～121
東京都港区南麻布 5-15-11 3F
屋上テラス
TEL 03-5791-1212
https://fleur-universelle.com

パーラーエイタブリッシュ
P.5～8、15、31、122～125
東京都港区南青山 5-10-17 2F
TEL 03-6805-0597
https://www.8ablish.com

宅間美津子
P.2～7、16～17、34～57、
102～103

ふくうらファーム
P.63、66～67
Instagram@fukuurafarm

赤地みさゑ
P.4、29、78～79、108～109

STAFF

撮影	花田 梢　BROCANTE
カバー・本文デザイン・DTP	平本祐子
イラスト	はやしゆうこ
執筆	岡田稔子（やなか事務所）
企画編集	朝日新聞出版 生活・文化編集部（森 香織）
構成・編集協力	東村直美　岡田稔子（やなか事務所）

アサヒ園芸BOOK

家《いえ》にもっとグリーンを
植物《しょくぶつ》と暮《く》らすアイデア

編　著　　朝日新聞出版

発行者　　橋田真琴
発行所　　朝日新聞出版
〒104-8011　東京都中央区築地 5-3-2
電話 (03) 5541-8996 (編集)
(03) 5540-7793 (販売)

印刷所　　図書印刷株式会社

ISBN　978-4-02-334025-1